山の天気にだまされるな!

気象情報の落とし穴を知ってますか?

猪熊隆之

ヤマケイ新書

はじめに

２００９年7月のトムラウシ山の大量遭難事故や、２０１２年5月の白馬岳をはじめとする北アルプス各地での遭難事故など、山岳遭難事故が大きく報じられるたびに、「山はやっぱり怖いな。気をつけないと。天気を勉強しないといけないな」と思われる人も多いはず。でも、そのときはそう思ってもなかなか始められない。それは、心のなかに「自分だけは大丈夫」という思いがあるからだ。あるいは、これまで幸いにして本当に危ない目に遭ったことがなかったからだろう。交通事故も同じだ。大きな事故を起こすまでは「自分は大丈夫」という思い込みがある。

私も、富士山で滑落事故を起こすまでは「自分は慎重で臆病だから絶対大丈夫」と思っていた。しかしながら、この事故のあと、「だれにでも事故は起こりうるのだ」ということを痛感した。登山は自然が相手のスポーツ。自然の懐は大きく、神秘的だ。人間にはまだまだわかっていないこともたくさんある。昨年の御嶽山の噴火のように、だれも予想しなかったことが起こりうるのだ。

だからこそ、私たちは自然の声に謙虚に耳を傾け、自分の登る山をしっかりと調べて、起こりうるリスクとその対処法についてしっかりと頭に入れてから入山しなければならない。

自分の登る山については、地図や過去の登山記録、ＳＮＳなどから、また、山小屋の従業員、山岳警備隊や救助隊などから情報を得ることができる。自分が登るときの気象条件は、天気図や衛星画像、雨雲レーダー、天気予報などから推測することができる。この本を読んでいただいている人も「自分が登ろうとしている山の気象リスクをあらかじめ知っておきたい」あるいは、「天気を予想して、できるだけ天気のよい日に登りたい」という望みはお持ちだろう。

一方で、天気予報や登山記録などの情報は氾濫している。気象遭難はそんな情報を利用している人が起こしている。どこに問題があるのだろうか？　本書では、現在の天気予報の仕組みとその盲点を明らかにし、気象情報を鵜呑みにすることの危険性を指摘する。また、過去の遭難事例から具体的にどのような計画をし、行動をしていけばリスクを減らすことができるのかをシミュレーションしていく。私は大学山岳部の監督をしているが、学生に指導する際にいつも言っていることを本書でも書かせていただいた。私もいつの間にか、登山を始めてから四半世紀以上経ってしまったが、それでも登山のたびに新たな発見があり、それが山の楽しさを高めてくれている。堅苦しい話ばかりになると、読者もつらいであろうから、私が登山で得てきたさまざまな楽しみや、最近、もっとも楽しかった知床半島を一周するカヌーツアーなども盛り込ませていただいた。

みなさまが今後、登山を楽しむなかで、拙著が少しでも安全登山のお役に立てれば幸いである。

著者

目次

イラスト　ヨシイアコ
編集　小林千穂
装丁　尾崎行欧デザイン事務所
本文レイアウト　渡邊　怜

第1章

天気予報の現場

——ある気象予報士の一日——

気象予報士の朝

「カッコー、カッコー」夢のなかで聞こえる音なのか、それとも現《うつつ》なのか? 朦朧《もうろう》とした頭のなかに響くカッコーの鳴き声。場所は長野県茅野市郊外のベッドの上。「ジリリリリリリリイ」というけたたましい音を携帯電話が発する。

バッと布団をはねのけ、飛び起きた。寝起きはいいほうである。窓を開けると、さわやかな6月の風が吹き込んできた。「トッキョキョカキョク」というホトトギスの元気な鳴き声が、先ほどのカッコーの鳴き声とともに飛び込んでくる。

寝室から居間へ行き、ベランダに面した大きな窓を開けると青空が広がっている。毎朝恒例の八ヶ岳へのあいさつを済ませる。特にセリフはない。心のなかで「おはよう。今日はどんな天気か教えてチョ」とつぶやくだけだ。甲斐駒ヶ岳や鋸《のこぎり》岳はよく見えているが、八ヶ岳は残念ながら雲のなか。それを見て、反射的に八ヶ岳で発生している雲の成因を考えてしまう。「今日はどんな気圧配置だっけ?」「なんで甲斐駒は晴れているのに八ヶ岳には雲がかかっているのか?」「雲は層積雲で雲頂（雲の上の部分）は平たくなっているから、大気の安定した層が3000メートル付近にあるのかな」などと思考をめぐらす。風は弱い西風だ。自宅にいながら山にかかる雲の様子を見ることができるのは、山の天気を予想するうえでとても都合がよい。ここを仕事場に選んだ理由もそこにある。

顔を洗って髭を剃り、散歩に出る。家の目の前には畑が広がっており、おばあちゃんが腰をかがめて農作業にいそしんでいる。その奥には樹齢400年の大きな枝垂れ桜があり、今は青々とした葉を茂らせている。その桜越しに八ヶ岳を見るのが日課だ。

先ほど中断した雲についての考察を続けていく。「雲はどの方角から流れてきているのか」「さっきより雲の高さは変化しているか？」「そういえば、昨日はどういう予報を出したっけ？　まさか、朝から晴れなんて出していなかったろうな」と、自分が前日出した予報を思い出しながら歩を進める。忘れっぽい私の頭は、昨日の予報のことも記憶があやふやだ。帰ったらチェックしないと。

歩みを進めると、空き地や道路の脇には、アカツメクサやシロツメクサ、ハルジオンが咲き乱れてお花畑のようだ。私は畑の脇を通って、森のなかに入った。ここは自宅から徒歩3分の距離にある、お気に入りの場所だ。コナラやサクラ、カラマツなどの樹林帯で、特にコナラ林がみごと。古くから、薪などに使われて大切にされてきたのだろう。人の手が入っている美しい森だ。たまに、キツネやカモシカと出会うこともある。動物との出会いも散歩の楽しみだが、この日は何も現われなかった。その代わり、鳥のさえずりが心地いい。最近、鳴き声や姿形から、鳥を判別したくなって本を購入したり、インターネットで調べたりするのだが、なかなか覚えられないし、そもそもどんな種類の鳥なのかわからないことも多い。新緑から濃緑に変わったコナラ林の森林浴を楽しみながら森の散策を終え、自宅に戻った。

朝食は簡単にできるトーストだ。その日の気分によってハムとチーズ、レタスやトマトをのせたサンドにしたり、バタートーストにしたりする。これに砂糖をまぶすとけっこううまい。「シュガートースト」とでもいうのだろうか。今日はそのシュガートーストの気分だ。コーヒーを飲み、トーストを頬張りながら全国の山の天気をインターネットなどでチェックする。北は利尻山から、南は宮之浦岳まで。天気をチェックするときに使う「五つ道具」は以下のとおりである。

1 ライブカメラ
2 衛星画像
3 雨雲レーダー
4 ツイッターやヤマレコ（注1）、ヤマケイオンライン（注2）、YAMAP（注3）など登山者の情報
5 山小屋のブログ

まずは実況の把握と予報検証

ここで「五つ道具」をどのように使っているか紹介しよう。

1　ライブカメラ

ヤマテンが運営している山の天気予報（https://www.yamatenki.co.jp/）のページで、山小屋や環境省などの協力で掲載されているライブカメラを見られる。夏場は山小屋など山頂に近い場所にライブカメラが設置されていて、仕事場にいながらにして、山頂付近の天気を知ることができるので、個人的にも重宝している。

ただし、夜間は暗いので、「くじゅうの空（http://www.kuju-walker.net/live/）」のように、遠赤外線を使った特別なライブカメラを除いて、画像は真っ暗になってしまう。また、昼間のライブカメラも山小屋の営業期間しか見ることができず、冬場など営業期間外は使えない。そこで、冬季や山頂にライブカメラがない山では、山麓に設置されているライブカメラを利用する。このときに、雲の種類や雲の厚さから、山頂まで雲に覆われているかどうかを推測する。

2　衛星画像

次に、衛星画像を確認する。衛星画像とは、気象庁が静止気象衛星「ひまわり」を用いて、宇宙から雲などを観測した画像のことで、気象庁のホームページ（http://www.jma.go.jp/jma/index2.html）などから見ることができる。衛星画像には「可視画像」「赤外画像」「水蒸気画像」の3種類がある。このうち、山の天気を推測するために使うのは、可視画像と赤外画像である。

可視画像（画像1－1）は雲や地表面によって反射された太陽光を観測した画像で、雨を伴う発達した雲ほど厚みがあり、太陽光を強く反射するため、より白く写る。簡単にいえば、衛星から地球を見たときと同じように見える。衛星画像でもっとも解像度が高く（衛星の真下で約500メートル）、地形による細かい雲の分布を見るのに都合がよいのだが、太陽が照っている時間しか見ることができない。つまり、夜間は使えないということになる。そのため、夜間は赤外画像を使う。

赤外画像は（画像1－2）、雲、地表面、大気から放射される赤外線を観測した画像で、高いところにある雲ほど白く、低いところにある雲ほど黒っぽい灰色で表現される。可視画像に比べると解像度が低く（衛星の真下で約2キロ）、特に高度が低い雲は画像に映りにくかったのだが、ひまわり8号の画像では、高度が低い雲も以前より識別できるようになり（それでも地面に近い雲や

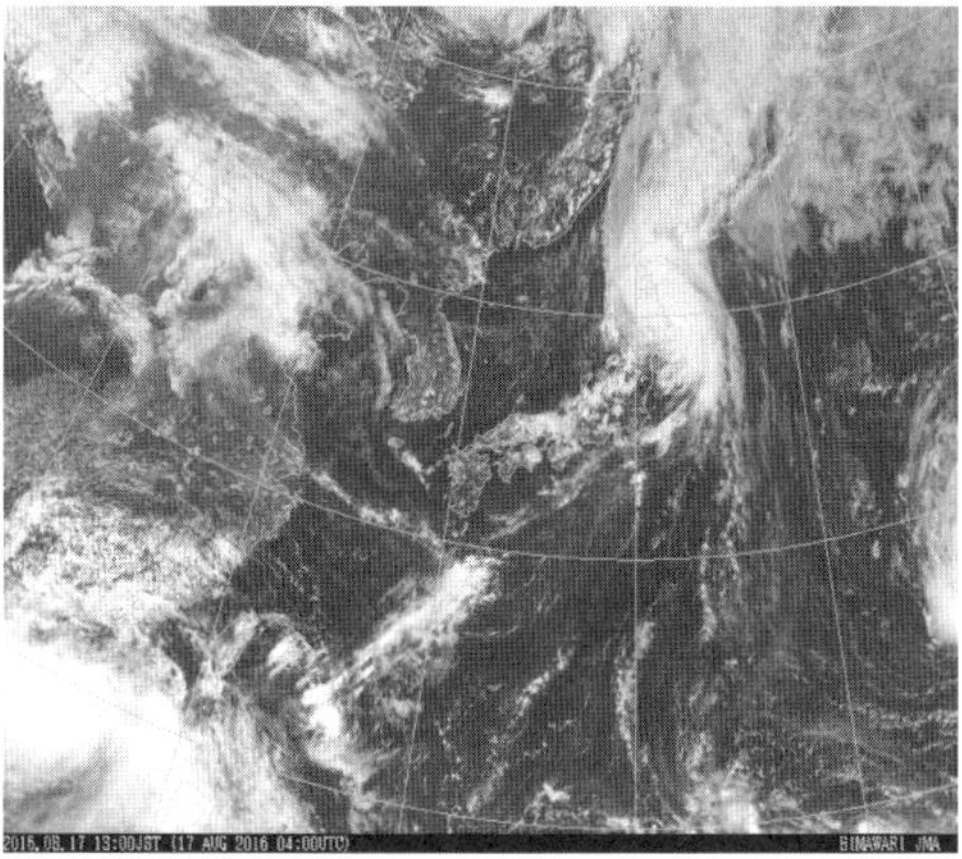

画像1－1　可視画像　可視画像、赤外画像ともに、黒い部分は雲がない場所、つまり晴れている場所。白い部分は雲がある場所で、曇っているか、雨が降っている場所

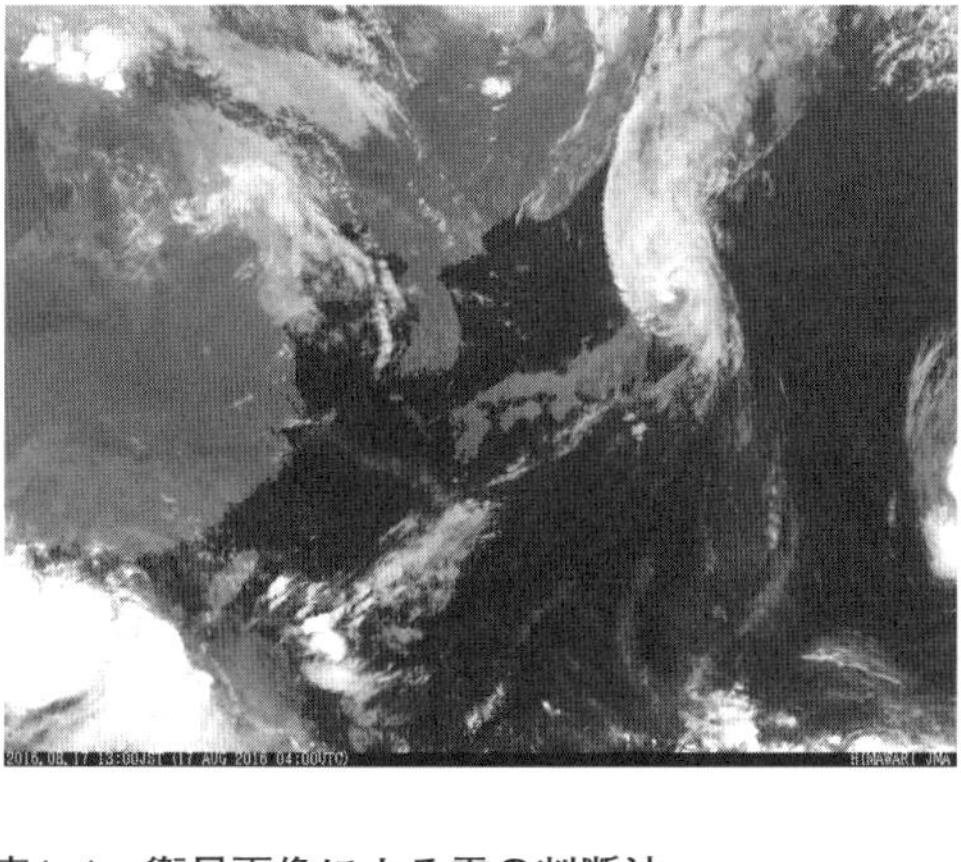

画像1－2　赤外画像　可視画像は白色が濃いほど雲が厚く、薄くなるほど雲が薄い。赤外画像は濃い白色ほど高いところにある雲で、薄くなるほど低いところの雲を表わしている

表1-1　衛星画像による雲の判断法

雲の種類	可視画像	赤外画像	形状
積乱雲	白く輝く	白く輝く	団塊状
積雲・層積雲	白い（明るい）	灰色（やや暗い）	団塊状
巻雲・巻層雲	灰色（やや暗い）	白い（明るい）	なめらか
乱層雲	白い（明るい）	灰色（やや暗い）	なめらか
層雲	灰色（やや暗い）	暗い	なめらか

霧は判別が難しいが）、解像度も従来のものよりだいぶ向上した。夜間の雲の分布がかなり明瞭になったことで、ライブカメラが使えない時間帯でもある程度、山の天気を推測できるようになった。

山麓のライブカメラで見ると山に雲がかかっていたり、山麓が霧や雲に覆われて山が見えないときも、山頂では晴れていることがある。そのようなときには、可視画像を使って確認する。画像1－3のように、富士山の山頂付近のみぽっかりと穴があいたように雲がない、黒い部分がある。これは、中腹以下では雲に覆われているが、山頂では晴れている状態。ただ、積雪がある時期は、山頂や上部の積雪が映ってしまうので、雲なのか積雪なのかを見分けるのが難しくなる。

山麓のライブカメラで、雲に覆われたように見えるときでも、それで天気が悪いと決めつけてしまうのは早合点。可視画像でその山周辺の雲を見てみよう。山の形に沿って雲がポッカリあいているときは、山頂や稜線では晴れていて雲海が見られるときだ。

また、赤外画像や可視画像で目的の山のあたりに雲があっても、上層の雲が広がっているだけの薄曇りの状態か、濃い霧に覆われている状態かで、人が感じる天気のイメージはまったく異なる。可視画像で薄く映っており、赤外画像で白色が濃い場合には上層の雲である。そのようなときは薄曇り、または高曇りとなって天気が悪いというイメージはない。逆に、可視画像で濃く映っている場合は、高い山では大抵、濃霧に覆われて悪い天気という感覚になる。そのようなときは、ラ

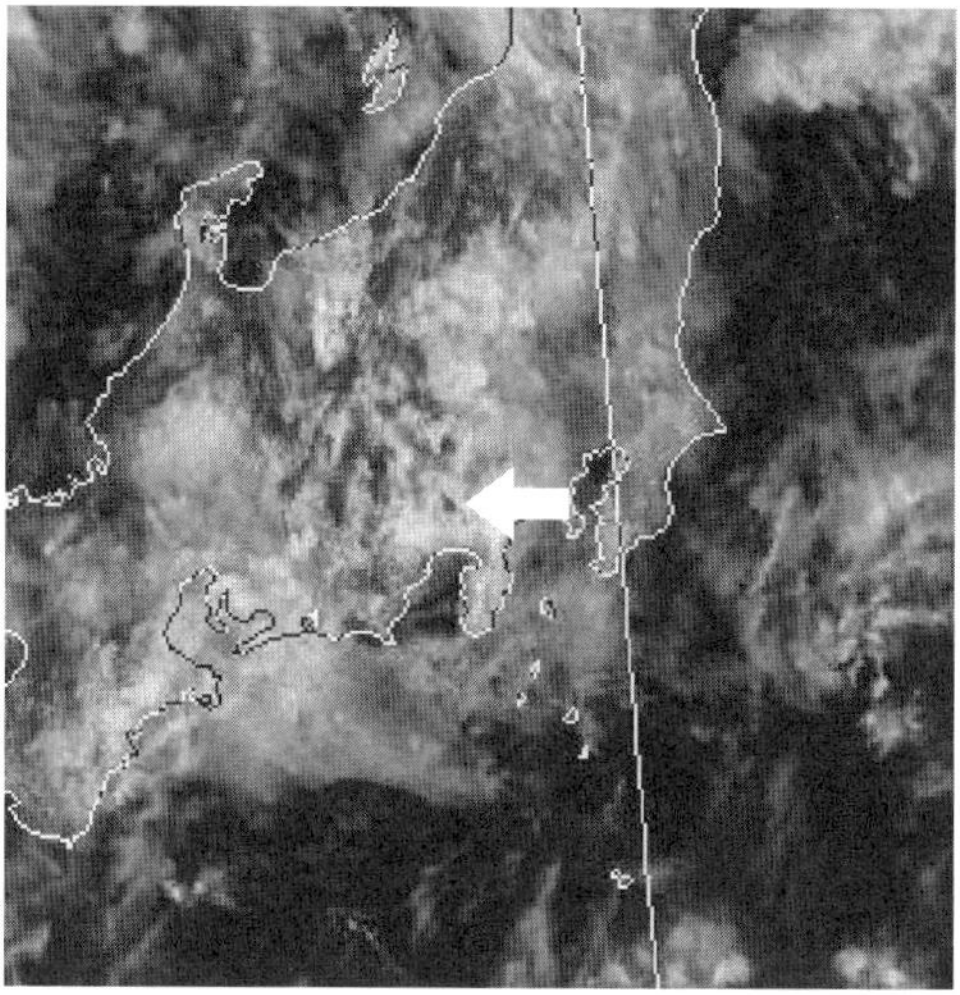

画像１－３　富士山の山頂付近に現われた、穴のように雲のない部分（気象庁提供）

イブカメラで見ても、山頂付近に雲がかかっている。高曇りなのか、ガス（濃い霧に覆われている状態）なのか、衛星画像やライブカメラで確認して、その山の天気を判断していく。

3　雨雲レーダー

ライブカメラで雨や雪が降っているのがわかる場合もあるが、霧に覆われているときなどライブカメラの画像では見分けることが難しい場合もあるし、画像では雨の強さを推測することが難しい。また、山頂付近にカメラがない場合や、夜間など雨や雪が降っているのかどうかを確認できないときは、雨雲レーダー（気象レーダー、画像１－３）を見ることで雨や雪が降っている場所やその強度を調べられる。雨雲レーダーは、サイトによって「気象レーダー」や「降水ナウキャスト」など呼び方が変わる。さらに、最近ではこれより細かい高解像度降水ナウキャスト（画像1－4、http://www.jma.go.jp/jp/highresorad/）を気象庁ホームページ上で確認できる。

雨雲レーダーは赤い部分ほど強い雨（雪）が降っており、色が寒色系になるにつれて雨（雪）が弱いことを示している。このうち、黄色よりも強い雨（雪）のときは、雷や突風が発生するほか、沢の急激な増水や鉄砲水が発生することがあり、このような雨雲が近づいてくるときは要注意だ。ただ、雨雲レーダーは地上で直接観測している雨量計と異なり、レーダーによる間接的な観測なので誤差も出る。特に、冬季の雲頂高度が低い雲からの降水は地形の影響で表現されていないことがある。そのようなときは可視画像と併せて利用するとよい。可視画像で白色の明確な雲があるにもかかわらず、雨雲レーダーで表現されていないときは、実際には雨（雪）が降っていることが多い。

4　ツイッターやヤマレコなどの登山者の情報

ヤマテンの「山の天気予報」では、山ツイッターと称してツイッター（Twitter）に書き込まれた、その山に関する情報を掲載している。天気や山の状態にまったく関係のないものもあれば、現状の天気や登山道の状況を写真入りで投稿したものもあり、最新の情報を確認するのに役立つこと

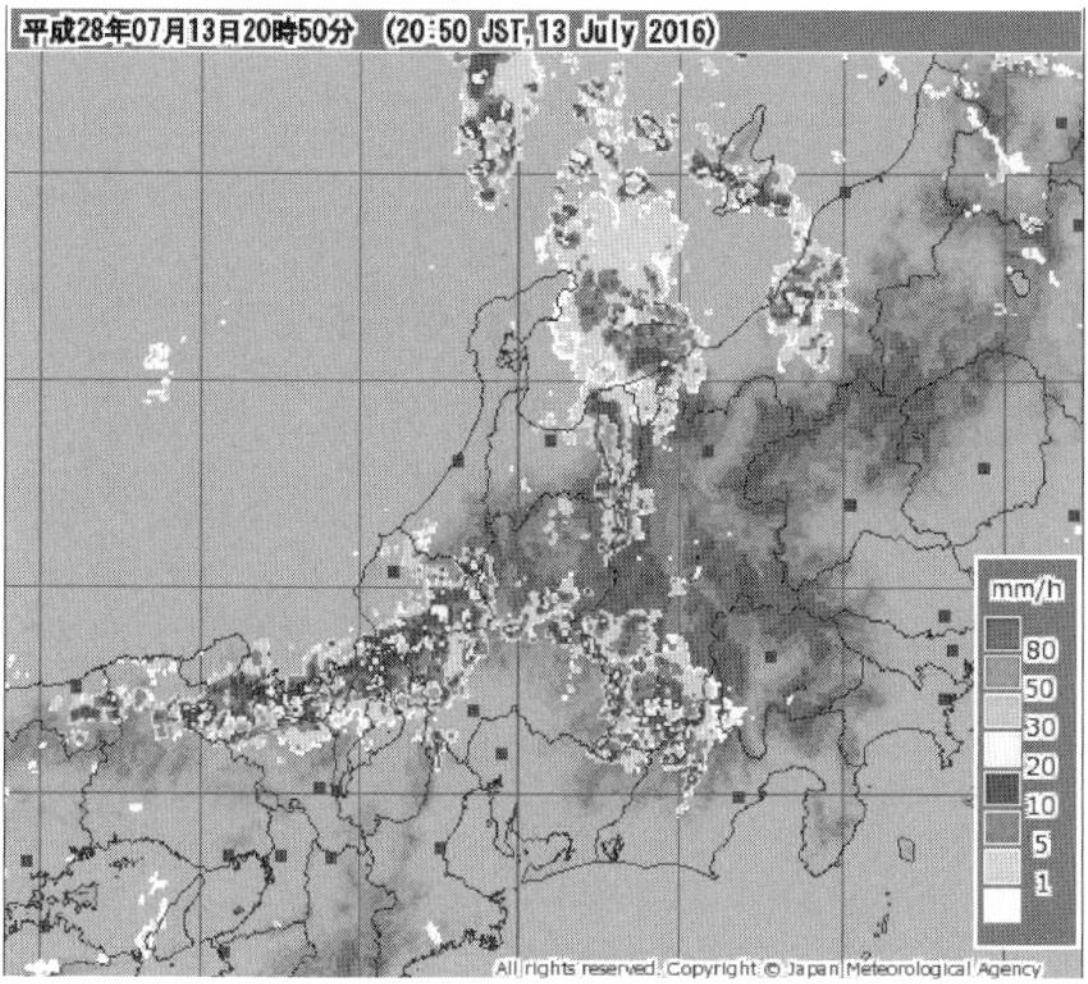

画像１－４　気象庁のホームページで見られるレーダー・ナウキャストによる降水の状況（気象庁提供）

もある。また、ヤマレコやヤマケイオンライン、ＹＡＭＡＰなどでは、登山者が投稿している山の写真や登山記録を見られる。写真を含む投稿から登山道の状況などを確認できる場合がある。ライブカメラなどで確認が難しい場合は、これらの情報を利用することがある。

5　山小屋のブログ

山小屋のブログやホームページに、従業員が写真やコメントを掲載することがある。内容は、天気や登山道の状況、イベント情報など多岐にわたる。更新は毎日とは限らず、夕方になることが多いので、その日の朝の状況はわからないが、前日の状況を把握するためによく利用させてもらっている。

このような方法で山の天気の実況を確認したら、前日に発表した予報が実況と合っているかどうかを検証する。間違っているときは、どうして間違ったのかを考察し、天気図などの各種予報資料を保存しておく。この作業は予報精度を上げていくために、絶対に欠かせない。同じような失敗を繰り返さないためにも、「失敗」を記憶だけでなく、記録として残しておくようにしている。

予報の検証は国内だけでなく、ヒマラヤ山脈やアンデス山脈、ヨーロッパ・アルプスなど、海外でも行なっている。海外ではヨーロッパや北米など一部の地域を除き、ライブカメラを利用できる山域は少ないので、登山隊にメールや衛星電話で天気の実況報告をお願いしている。写真や動画などがイメージをつかむのにもっとも役立つが、通信料がかかるので、たいていは天気や風向・風速、雲量、降雪量、降雨量などの実況をもらう。この報告が予報を発表する際に生きてくる。

いよいよ予報開始！

予報の検証が終わったら、検証結果を社員で打ち合わせる。私が出張のときや、夜勤後の引継ぎなどは、メールやスカイプで済ませることも多い。引継ぎが終わったら予報開始である。朝食を済ませ、１階の自宅から同じマンションの４階にある事務所へ上がっていく。階段を上るときに、八ヶ岳や甲斐駒などの山々、そして空に広がる雲を見渡せ、眼下には緑豊かな田畑が広がっている。大好きな風景だ。ここからの景色で一番好きな季節が、11月上旬の紅葉の季節と真冬の眺め。この風景を見て「これから仕事をするぞ」という活力を得る。夏は階段にカブトムシやクワガタなどが転がっていることがあり、見つけると子どものようにうれしくなってＳＮＳ（Twitter/Facebook/Lineなどのソーシャル・ネットワーキング・サービス）に自慢げにアップする。自分が捕ったわけではなく、向こうからやって来たものを撮っただけなのだが。

さて、事務所の玄関を開けると「おはようございます」という、社員の元気な声が響く。すでに出社している社員にあいさつを返し、まずは簡単な打ち合わせをする。旅行会社から送られてくる登山ツアーの一覧表を確認して、今日、天気のリスクがある山域に入っているツアーがないかどうか、あるいは、自分たちが知らない山があるかどうかを確認する。知らない山がある場合は、その場所を地図などからチェックしておく。

それからいよいよ予報作業の開始だ。冬場はスキー場の予報作成から取りかかる。私の住んでいる八ヶ岳近辺のスキー場は、人工雪を使用したスキー場がほとんどである。人工雪のスキー場においては、稼ぎどきである年末年始までに十分な量の積雪を造らなければならない。そして、積雪を効率よく造るためには、人工的に降らせた雪がしっかりと積雪として根づく気象状況のときに作業することが重要だ。逆に、まとまった雨が降る前日に雪を造ってしまうと、せっかくの雪が融けてしまう。人工的に雪を造るために光熱費や人件費など多くの費用がかかっている。つまり、お金も雪と一緒に流れていってしまうのだ。こうした日に雪を造ることは絶対に避けたい。

積雪を効率的に造れるかどうかは、気温と相対湿度（以下、湿度）が大きく影響する。ヤマテンで予報を配信しているスキー場が、その日の夜に雪を造るかどうかを判断するのは午前9時ごろになる。そこで、それ以前にスキー場の上部と下部における気温や湿度の予想値を提供して判断材料にしてもらう。気象予報を利用することによって、人工降雪機を稼働させても積雪が造れない気象状況のときに稼働させる回数を極力減らし、逆に、積雪を造るのに適した気象状況のときにフル稼働させられる。結果として、コストダウンと年末に操業が間に合わないという営業リスクを減らすことができる。

簡単に説明したが、実は気温と湿度の予想は、天気や風の予想より難しい。予報を使ってもらっているスキー場は職場からよく見える。谷を挟んだ対岸だ。しかし、八ヶ岳の西面山麓にある職場と、入笠山の北東面にあるスキー場とでは日射の関係などにより、気象条件が大きく異なってくる。スキー場に発表している予報は、標高１０５０メートル付近と１５５０メートル付近。異なる

2地点の予想をする難しさが加わる。また、秋から冬にかけては夜間の放射冷却現象（32ページのコラム参照）により、盆地の底に冷気が溜まって、斜面の中腹でもっとも気温が高くなることがある。スキー場の山麓は盆地の底から150メートルほど高い斜面にあるため、山麓より3〜5度Cも気温が高くなることがあり、予想を難しくする。そこで、スキー場から毎時間の気温、相対湿度のデータを送ってもらい、予想とどのくらいのズレがあったかをチェックしていく。ズレが大きい場合は、何が原因でそうなったのかを徹底的に検証する。次の予報に生かしていくためだ。

午前中はスキー場の予報のほかに、旅行会社からの電話による問い合わせのための準備をする。複数の天気図や数値予報データ、大気の安定度、衛星画像、雨雲レーダーなどから、これから2〜3日先までの天気を予想していく。中部山岳の天気は、事務所から見える雲の様子も参考にする。予想の途中で問い合わせがある場合は、問い合わせにその場で答えていく。あまり予想に時間をかけることはできないので、気圧配置や現在の気象状況を瞬時に思い浮かべ、地図を引っ張り出して、登山道における気象リスクをアドバイスしていく。台風が接近する可能性があるときや、平地で悪天の予報が出ているときは電話が殺到して、ヤマテン事務所がもっとも活気づくときだ。

また、今後1週間以内に、台風や暴風雨（雪）など、登山者に大きなリスクをもたらす気象状況になる恐れがあるかどうかを、7日先までの大気の流れや気圧配置などからチェックする。その恐れが高くなった時点で、気象遭難のリスクが高い山域を対象に、ヤマテン会員に対し、「大荒れ情報」を発表する。ただし、あまり「大荒れ情報」を濫発すると「オオカミ少年」になってしまうので、情報発表は慎重に行なう。一方で、あまり慎重になって直前になって発表しても意味がなくなってしまう。このため、梅雨や秋雨の時期など予報精度が低下する時期は、そのような可能性がある段階で「大荒れ情報が発表される可能性あり」という情報を発表する。また、不定期ではあるが、海外の高峰をめざす登山隊に天気予報を発表しているときは、この時間帯か夜に予報する。

そうこうしているうちに昼がくる。のんびりランチタイムをとる時間はないので、社員は持参した弁当を空いている時間に食べてもらうことになる。私は、自宅が事務所と同じ建物の1階にあるので、自宅に戻り、簡単に食事を済ませることにしている。

食事後は、いよいよメインイベントである、山の天気予報（以下、ヤマテン予報）の作成だ。ヤマテン予報は毎日17時前後に発表する。第2章で述べるように、現在の一般的な天気予報は数値予報という、コンピュータが予想した気温、相対湿度、雲量、降水量などの計算結果を天気に変換して発表している。全国各地のピンポイント予報が数十分おきに、何千カ所で発表できるのは、自動的に予報を発表できるシステムとなっているからだ。

平地においてはこの方法でもある程度の精度が期待できるが、山においてはうまくいかないことが多い。山頂の予報を発表しているにもかかわらず、同様のシステムで予報を発表しているところもあるが、ヤマテンでは計算結果をひとつの資料として利用はするものの、発表する気象予報士がさまざまな資料、観測データ、実況を使い、予報士自身の経験や、その山における気象特性などを考慮して手作りで予報を作成している。それは、予報を発表することの最大の目的は気象遭難を防ぐこと、登山者の気象リスクを減らすことだからだ。そのような目的である以上、数値予報の結果で自動計算した天気予報をそのまま発表するような無責任なことはできない。

手作りの予報であることや、詳しい解説を山域ごとにつけているため、18山域すべての予報を作成するのに2～3人の気象予報士で作業しても3時間程度かかる。また、午後になると夏場を中心に雷雲が発生することがあり、落雷の状況をチェックしなければならない。そこで、予報を作成する係と、落雷や短時間の強雨をチェックしながら、山の天気の実況を確認する係に分けている。予報作成は大変な集中力を要する。しかしながら、その途中も旅行会社などから問い合わせの電話がかかってくるので、予報作業をしばしば中断せざるを得ない。そのようなときは、予報を途中まで作成していても一からやり直すこととなる。

この予報作業が終わると、山小屋や山岳気象情報を提供している各機関に個別の予報を発表する。さらに、翌日の予報業務の引継ぎ作業を終え、社員は帰宅の途につく。

ひとりの夜

ひとりになると、いったん頭を真っ白にする。頭を酷使するので脳が悲鳴をあげるからだ。周囲の景色に目をやり、ベランダや廊下に出て新鮮な空気を吸う。その後、急ぎの仕事がなければ夕食を作り、ニュース番組を見ながら食事をする。食事で一服入れたあとは、海外の予報があるときは、その予報作成に再び没頭する。それがないときは営業や経理、事務的な仕事に集中する。

社長とはいっても、吹けば飛ぶような小さな会社。予報以外の事務、経理などの仕事も私の役割だ。さらに、連載雑誌や書籍の原稿書きから、観天望気講座の作成、山の天気関係のツアーや講演会、講習会の準備など、やらなければならない仕事は山のようにある。

また、山岳部の監督をやっているので、学生の計画書や報告書、勉強会の資料も見たりしなければならない。このため、家事がどうしても疎かになり、現在は近所の主婦に週1回ほど掃除をお願いしているほか、お掃除ロボットにも活躍してもらっている。「猫の手も借りたい」状態である。本当は新たな事業展開や、気象観測データをまとめたり、気象関係の論文を読んだりと、やりたいことはたくさんあるのだが、なかなか手がまわらない状態だ。

さすがに頭が疲れてきたころ、休憩をとる。ＳＮＳを見たり、写真を投稿するのが貴重な息抜きの時間となっている。その後、再び仕事の続きに入る。私は、こうみえて持病をいろいろ抱えているので、睡眠時間はなるべく多くとるようにしている。ただし、夏場は夜中や明け方に、契約している旅行会社や登山ガイドからの問い合わせが入ることがあり、寝不足気味になる。また、原稿書きに集中していると夜更かしをしてしまうこともあるし、山の天気ハイキングなどで出かける前はその準備で深夜になってしまう。それらを除いては、23時には就寝するようにしている。体が資本なのは、この仕事も同じだ。

休日と癒やしの時間

気象予報の仕事は３６５日、年中無休。お盆や年末年始、ゴールデンウィーク、シルバーウィークなど社会人が休暇をとる時期がもっとも忙しくなる。会社を立ち上げてから3年は、ほとんど休みをとることができなかったが、最近は社員を増やしたことと、その社員が予報業務に習熟してきたため、１カ月に１～２日程度、休みをとれるようになった。

しかし、休暇がとれないからなかなかプライベートで山へ行くことができない。山に行かなければ、予報精度も低下していく。そこで、山の現場で天気を学ぶというツアーを旅行会社で企画してもらい、月1回程度、山へ行くことができている。

また、山に行けない分、走ることでリフレッシュしている。仕事が落ち着いているときや社員が3人いるときなど、2時間程度の休憩をとらせてもらって、走りに行くのだ。私は暑さに弱いので、夏場は仕事前の早朝に走ることが多くなるが。

八ヶ岳山麓に移住してから走るコースをいろいろ探してみた。そのなかでもっとも好きなのは、エコーラインと呼ばれる広域農道を走るコース。八ヶ岳や甲斐駒ヶ岳、仙丈ヶ岳など、南アルプスはもちろん、木曽駒ヶ岳や御嶽山《おんたけ》、北アルプスなどの中部山岳のパノラマが展開し、道の周囲には美しい田園風景が広がる。このコースを走っていると「ここに住んで本当によかった。幸せだなあ」と感じる。走ったあとはアイシングをし、近くの温泉に浸かるときもある。ランニング後の温泉は、山帰りほどではないけれど、本当に気持ちがいい。平日の昼間は地元の年輩者ばかりで、「この人は働いているのか？」といぶかしげに見られることもあるのだが、そんなことは気にならない。

学校の休みの時期には、母や甥っ子、姪っ子が遊びに来る。彼らが来ることが決まると、その日が来るのがとても待ち遠しい。なるべく彼らが来るときに合わせて休みをとるのだが、長くは休めないので、せっかく1週間来てもらっても遊べるのはせいぜい1～2日、それと仕事の合間くらいだ。それでも子どもたちは、見慣れぬ田園風景や遠くに連なる山々、広々とした芝生の上で蹴るサッカーボール、パターゴルフ、川遊びなどに熱中し、カブトムシやクワガタを見つけると、「兄ちゃん見て！　こっち来て！」と大声をあげてはしゃぐ。そして、帰る前日には「帰りたくない」とかわいいことを言ってくれる。

母は私の家に来るときに、いつも愛猫を連れてくる。名前は「リリィ」。この猫がとてもかわいい。あまりのかわいさに、キャットタワーなるものを買ってしまった。はじめはなかなかタワーに乗らなかったのだが、最近は慣れて一番上まで登るようになっている。実家で飼う猫はリリィが3代目だが、そのなかでもっともなついた猫だ。撫でるとゴロゴロ喉を鳴らして喜び、みなで食事をしていると、仲間外れにされたと感じるのか「ニャー

実家の飼い猫、リリィと遊ぶのも癒やしの時間

ニャー」と鳴く。また、一人遊びが飽きてくると「ニャー（遊ぼ遊ぼ）」と鳴きながらせっついてくる。寝るときは、誰かと一緒でないと眠れず、いつも布団に入る時間になると、「ニャー（早く寝ようよ）」と鳴くのだ。

さて、大好きな蓼科にいたいのが本音であるが、年間の3分の1以上は出張で出かけているので、自宅にいられるのは残りの3分の2弱だ。

出張から戻ってきたときに必ず訪れる店がある。それが「蓼科花ファクトリー」というカフェ。眼前に八ヶ岳と美しい蕎麦畑を望み、開放的な空間のすてきなお店だ。カフェを切り盛りするママさんたちとたわいもない話をしていると、「蓼科に戻ってきたなぁ」という安堵感に包まれる。また、このお店では原稿書きにいそしんだり、仕事の構想を練ったり、将来の夢について考えたり、ぼーっと八ヶ岳を見たりと、貴重なやすらぎの場になっている。

そんなこんなで八ヶ岳生活を満喫している。

注1　登山、ハイキングなど、山に関わるすべてのひとを対象にしたコミュニティサイト。写真、GPSログと同期したルート図、標高グラフなどを投稿できる登山の計画や山行記録（登山記録）を中心に、日記や掲示板などの機能も豊富にそろっている。http://www.yamareco.com/

注2　山と溪谷社が運営する登山情報サイト。山の最新ニュース、各地からの最新情報のほか、登山地図&計画ツールなどを提供している。初心者からベテランまで、登山者のニーズに幅広く応える。http://www.yamakei-online.com/

注3　オフラインでもスマホで現在位置がわかるＧＰＳ機能と、ユーザー同士で情報交換ができるコミュニティ機能を兼ね備えているのがＹＡＭＡＰの大きな特徴。ＹＡＭＡＰの地図はパソコンからワンクリックでダウンロードでき、自宅のプリンターで印刷することも可能。

column

放射冷却現象とは?

空気（正確には大気）は通常、高度が上がるほど温度が下がる。気温が下がる割合は日本付近では1000メートルにつき6度C前後だ。これはよく考えてみるとおかしな話ではないか？ 太陽に近い上のほうが気温が低いのはなぜだろう？ 実は、太陽の光によって地球は温められているのだが、光は空気をほとんど素通りして地面をまず温める。一方、地球自身も熱を宇宙に逃がしている。この熱を空気は吸収して周りを温めていく。この際、下のほうの空気がまず熱を吸収していき、そこで吸収されなかった熱が上の空気によって吸収される。そのため下の空気ほど多くの熱を吸収することができ、温められる。高い山に行くほど気温が下がるのはこのためだ。ただし、これは大気のもっとも低いところにある対流圏（地上から11キロ付近までの層）の話。

よく晴れて風が弱い夜は、地面から上空へと熱が逃げていく一方、上空の空気は日中の熱が残っていることや、地面よりも容量がはるかに大きいので冷えにくい。特に、盆地などで周囲が高いと、底に冷気が溜まりやすくなる。このように地面から熱が逃げていき、地面付近の気温が下がる現象を放射冷却と呼ぶ。そして、普段と逆に、下方の気温が低く、上方の気温が高くなるところを逆転層と呼ぶ。秋から冬の、晴れて風が弱い日の夜遅くから朝方にかけて発生しやすい。

第2章

今どきの天気予報にだまされるな

天気予報を鵜呑みにすると痛い目に遭う

いまや、天気の情報はいたるところに溢れている。スマートフォンやパソコンでいちいち検索するまでもなく、私たちがいる場所のGPS情報から、自動的にスマートフォンなどの画面に天気予報が表示されるほどだ。また、雨雲が近づいてくると、接近メールが送られてきたり、雷でも同様にメールが届いたりする世の中になった。コンビニエンスストアのレジや観光地、交通機関のホームページなど、私たちが情報を探しにいかなくても天気予報が目に入ってくる。ひと昔前はテレビや新聞からしか情報は得られず、山のなかではラジオで放送される気象通報を天気図に書きおこして、自分たちで天気を予想していくしかなかった。便利な時代になったものだ。

ただし、ここに落とし穴がある。情報がいろいろと入ってくるので、それを信用して天気について深く考えなくなってしまった。昔は登山者が天気図をおこすことは当たり前だったが、今ではそちらが少数派になっている。もちろん、天気予報をそのまま鵜呑みにしてもその予報が当たればかまわないのだが、実際には、こうした天気予報を利用している登山者が気象遭難に遭っているのだ。

2009年7月に北海道・大雪山系のトムラウシ山で起きた大量遭難事故は、ツアー登山中に起きたものだった。ツアー登山とは、旅行会社が参加者を募集し、応募してきた参加者と登山ガイドや添乗員などの引率者によって構成される登山形態のことで、そこでは旅行会社が移動の交通機関や山小屋の宿泊などの手配をし、引率者が参加者を連れて登山する。したがって、天気の予想や判断は引率者が行なうことになる。このときも引率者は事故当日の朝、携帯電話の天気サイトで上川地方の天気予報を確認している。予報では事故当日の天気は回復するというものだった。しかし、この予報はトムラウシの山頂ではなく、山麓の天気予報であったため、実際の天気とは大きく異なっていく。この天気予報を信用した気象判断の誤りが遭難の第一歩となった。

２００６年10月７日に発生した白馬岳の気象遭難は、ガイド登山中の事故であった。ガイド登山とは、旅行会社によるツアー登山よりも少人数であることが多く、登山ガイドが参加者を募って実施する山行のことである。このときも登山ガイドは前夜にテレビで天気予報を確認しているが、山の上での暴風雪は予想できなかった。それが、４人が吹雪のなかで亡くなるという痛ましい結末につながっている。このように気象情報は溢れているが、それを鵜呑みにすると痛い目に遭う。

現在では山の天気に関する情報も、複数の気象会社から発表されている。ところが、これらの会社が発表する気象情報には大きな違いがあり、それぞれの特性を知って利用しないと、遭難にもつながりかねない。まずは、今どきの天気予報がどのようにつくられているのかを説明しよう。

今どきの天気予報はこうつくられている

1　数値予報って何？

今の天気予報は、数値予報抜きでは語ることができない。数値予報とは、ひと言でいうと大気が変化する仕組みを表わした物理学の方程式により、風や気温などの気象要素の変化をコンピュータで計算し、将来の大気の状態を予測する方法だ。

数値予報は計算によって求められるので、無限に広がる空間を区切らなければならない。この区切られた空間を格子と呼び、格子と格子が交わるところを格子点と呼ぶ（画像２－１）。実際に使われている数値予報では、水平方向に20キロ四方で区切った全球モデル（ＧＳＭ・画像２－２）と、５キロ四方で区切ったメソモデル（ＭＳＭ）、２キロ四方で区切った局地モデル（ＬＦＭ、画像２－４）、台風の予報に使われる台風モデルなどがある。

それぞれ用途によって利用されるモデルは異なり、明日、明後日の予報は主に全球モデルとメソモデルを利用し、数時間後の積乱雲の発達や雨雲の動きなどはメソモデルや局地モデルを主に使う。これらのモデルで使われている地形は、それぞれの格子点内の平均的な高さとなるため、実際の地

下：画像2－2　全球モデル　850ヘクトパスカル面の風向、風速と70ヘクトパスカル面の相対湿度を表わした全球モデル

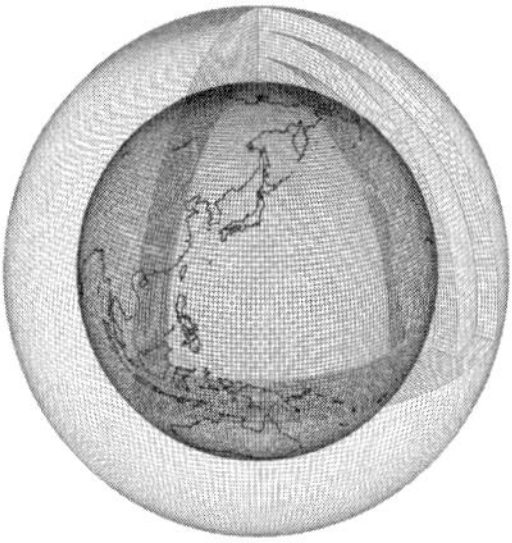

画像2－1　数値予報で使われる格子点。地球の大気を規則正しく並んだ格子で細かく覆っている

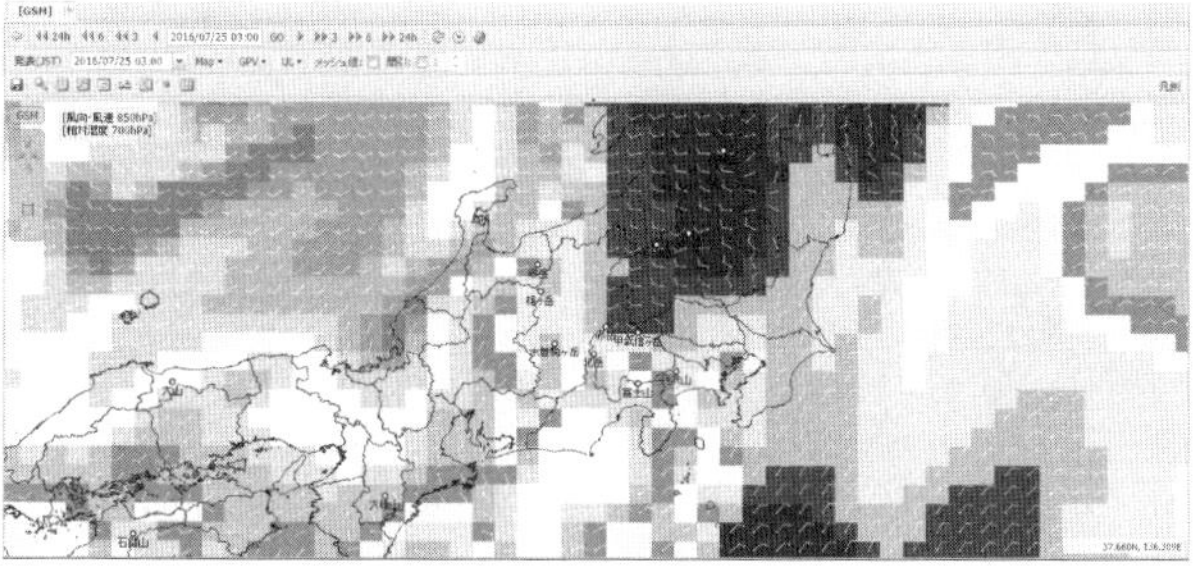

画像2－3　全球モデル
全球モデル（GSM）では実際の地形と大きく異なった地形モデルが使われている

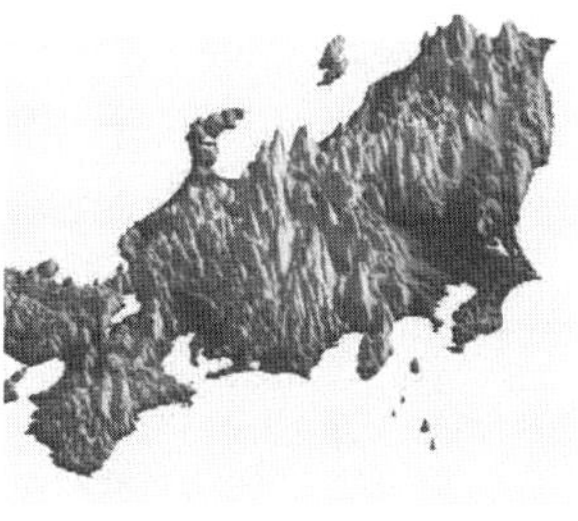

画像2－4　局地モデル（LFM）は全球モデルに比べると、実際に近い地形モデルになっている

形とは大きく異なってくる。たとえば、画像２－３の全球モデルでは長野県内や山梨県内の盆地が表現されていないが、画像２－４の局地モデルになるとかなり細かい地形が表現されている。また、水平方向だけではなく、鉛直方向にも格子は細かく区切られている。たとえば、ある地点の２５０メートル上空、５００メートル上空、１キロ上空という具合に（実際には１０００ヘクトパスカル、９７５ヘクトパスカル、９５０ヘクトパスカルなど気圧面で分けられている）。細かく区切れば区切るほど、実際の地形に近づくが、その分、コンピュータの計算量が膨大になる。現在のコンピュータの計算能力により、各モデルの予想時間は全球モデルで11日間、メソモデルで33時間、局地モデルで9時間までとなっている（２０１６年10月現在）。

近年、コンピュータの計算能力が飛躍的に向上しており、予報時間の延長や、より局地的なモデルの運用が進んでいる。つまり数値予報は、コンピュータの性能向上の歴史と密接に関わっている。

2　天気予報はこうつくられていた――各社の天気予報が違うわけ

コンピュータが将来の気圧、気温、相対湿度などの予想値を計算するために、まずは「現在の値」を決める。これを決めるのは観測データである。観測データには、アメダス（ＡＭｅＤＡＳ・注１）、気象レーダー（注２）、気象衛星、ウインドプロファイラ、ラジオゾンデを使った上空の大気の観測など、さまざまなデータが使われている。

かつては、観測機器で直接その場所の気象データを観測する方法しかなかったが（学校などに置かれている百葉箱はその原始的な方法）、それでは観測データが少ない場所や、上空の観測データが得られない。そのため、初期の数値予報は精度が低かったが、気象衛星や気象レーダーなどの技術進歩と、リモートセンシング技術の発展によって観測データがない場所の情報もある程度の精度で得られるようになり、数値予報の精度は飛躍的に向上していく。

リモートセンシング技術とは、ひと言でいえば、「離れた場所の観測を行なう」技術だ。主なものに、人工衛星に専用の測定器を搭載し、地球を観測する技術がある。また、電磁波を使って雨雲の強さや場所を観測したり、上空の風の強さや向きを調べたりすることもできるようになった。これらの観測データが、「現在の値」の元になっていく（注3）。

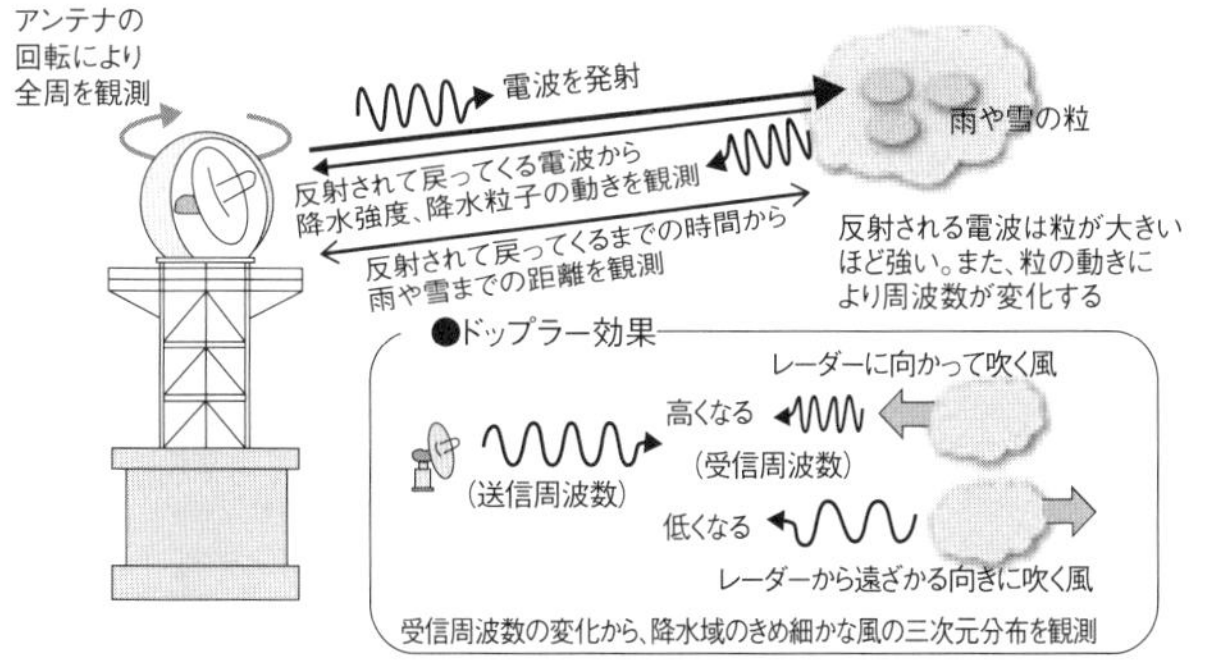

図2－１全球モデル　気象レーダーによる降水観測の仕組み

ところが、空間を区切った格子点は、実際に観測を行なっている地点と違う場合が多い。たとえば格子点は東京都北区にあるのに、観測地点は東京都千代田区北の丸公園にあるという具合である。また、数値予報で使われている時間と観測した時間が同じでないことがある。たとえばある格子点における「現在の値」は11時なのに、観測は2時間に一度の間隔で行なっているので、10時と12時の値しかない場合などがそれにあたる。このような場合、格子点における「現在の値」は近くの複数の観測データや前後の時間から、複雑な計算式を使って決められる。こうして求められた数値が「現在の値」となる（注4）。

さて、ここからいよいよ将来の値（予想値）を決めていくわけだが、それには大気を支配する物理方程式を使う。簡単に言えば、気象現象はある法則性を持って変化していくので、それを解き明かした式を使うということである。これをコンピュータに計算させ、出てきた結果が将来の予想値になる。全球モデルでは気温や相対湿度は一部の高度を除き、84時間先までは3時間ごとに、それ以降は11日先まで6時間ごとに計算される。また、降水量や雲の量は84時間先までは1時間ごと、それ以降は11日先まで3時間ごとに計算される。

こうして計算された予想値（注5）は、気温、相対湿度、雲の量などの数値で、「晴れ」や「曇り」といった天気そのものではない。そこで、これらの予想値を天気に翻訳する作業が必要になる。

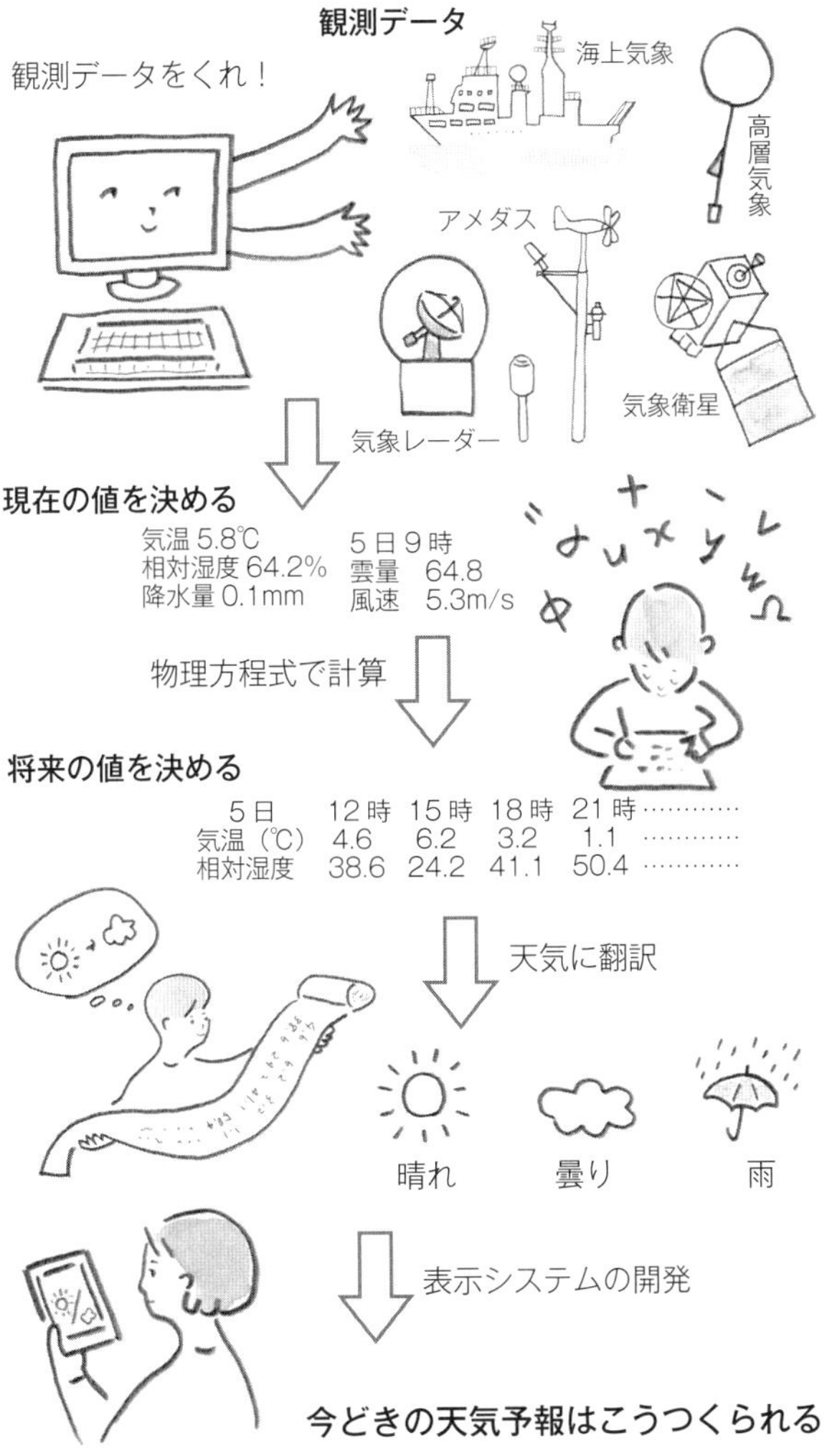

図2－2　気象レーダーによる降水観測の仕組み

たとえば「コンピュータが計算した雲量の予想値が全天に占める割合の80パーセント以下で相対湿度が50パーセント以下だと晴れ」という具合だ。また、気温や降水量など、そのまま天気予報に使える要素であっても、それは格子点の値であるから、実際に予想する場所とは異なってくる。そこで、格子点の値と実際に予想する場所との関係式を作成して、それを天気予報に使っていく。

この条件式は気象庁と民間気象会社で異なり、民間気象会社でも各社独自の計算式をつくっている。各気象会社は気象庁が配信する同じ数値予報のデータを気象業務支援センター（注6）などから購入して使っているにもかかわらず、各社の天気予報が異なってくるのは、このためである。

数値予報の精度は年々高まり、平地の天気予報の精度はかなり高くなっている。気象庁が発表する予報は、数値予報の計算結果や、そこから条件式を使って変換した予想を元に、予報官が話し合って決める。計算した結果をそのまま使わないのは、それが外れることがあるからだ。数値予報が外れる理由は、ひとつには実際の天気現象は非常に複雑で、まだわかっていない部分も多く、自然の原理をそのまま計算式に忠実に当てはめることが困難なことにある。そして、もうひとつは、数値予報で使われる地形が実際の地形とは大きく異なることである。そのため気象業務法により、自動計算した予報をそのまま天気予報として配信することは禁じられている。民間の気象会社が発表する天気予報は気象予報士が行なわなければならない。

ピンポイント予報の落とし穴

ピンポイント予報という言葉が出てきて久しい。年々、天気予報は細かくなり、○日○時の○○県○○町○○の天気、気温、風、降水量などピンポイントで表示される。「こんなに細かく出せてすごい！」と思う人もいるはず。カリスマ予報士が、その土地ならではの気象条件などをじっくりと考えて発表しているに違いない、と思う人もいるかもしれない。でも現実は違う。ひとりの予報士がそこまで細かく、高頻度で予報するのは物理的に不可能である。しかも、予報しているのはその1カ所だけではない。全国の何千、何万カ所とある。では、どうして細かい予報が発表できるのかというと、パソコンやスマートフォンで見られる局地天気予報は、先ほどの数値予報のところでも説明したように、以下の手順で予報がつくられているからだ。

①数値予報の計算結果で、予報を発表する場所にもっとも近い地点を選ぶ
②その地点の数値予報の結果を各気象会社が作成した条件式に当てはめる
③②の結果、自動的に天気予報が出てくる
④それをｗｅｂ上で発表する。その際、文字を天気マークに変換することが多い

つまり、気象予報士が予報を考えて発表しているのではなく、自動的に計算した結果が表示されているだけなのだ。ということは、コンピュータの予想値が外れたら終わり、あるいは予想値から天気に翻訳する計算式が悪かったら終わり、ということになる。それでも、予想気温が50度Cなど、明らかにおかしい数値は自動修正するプログラムを作成したり、気象予報士がそれを修正することはある。平地ではそのようにして自動的に計算された天気予報でもけっこう当たる。

ところが、山では話は別だ。数値予報で計算される地形モデルと実際の山の地形は異なる。山では地形によって天気が大きく変わるために、数値予報の結果を自動的に天気に変換させただけでは実際の天気と大きく異なってしまうことがあり、それが登山者に誤った情報を与える可能性がある。

もちろん、平地の予報を利用して山頂でもそのまま当てはまることもある。ところが、第3章で述べるように、気象遭難が起きるのは、平地（山麓）と山とで天気が異なるとき、あるいは平地（山麓）の天気予報と山の天気が異なるときなのである。そうしたときに、たまたま平地や山麓の予報を使って痛い目に遭ってしまう。実際、過去に低体温症の事故で亡くなったグループの引率者はみな、山麓の天気予報を調べている。それでも事故を防げなかったのは、平地（山麓）の予報と山頂とで天気が、特に風速が大きく異なっているためだ。

低体温症にもっとも影響を与える気象条件は「風」である。その次が「濡れ」だ。高い山になるほど、天気がいくらよくても風が強ければ行動ができないことがある。また、テントが破損、倒壊したり、飛んでいったりして、生命に関わる事態に陥ったり、岩場を歩行しているときに突風に襲われて滑落してしまうリスクもある。

登山において風は、天気と同じか、それ以上に重要である。風の予想ができなければ、低体温症の事故は防ぐことはできない。１キロメッシュ単位で山頂の天気予報を発表している、ある気象会社の予報では、しばしば平均で風速30メートル以上の暴風が吹いているのに、数メートルという実際と大きくかけ離れた予報値を気象予報士が修正することなく発表しているケースがあり、非常に危ない予報だと感じている。しかしながら、その方法であれば、たとえ1キロメッシュであっても、二百名山でも三百名山でもそのほかの山でも、いくらでも細かく予報は出せるので、ネットなどで山の名前を検索するとすぐに表示される。そうした事情を知らない登山者は、予報を疑うことなく使ってしまうことがある。それが樹林に覆われた低山ならばよいが、森林限界を超える高い山の場合には致命的な結果につながってしまうことがありうる。

危険な天気予報を見分けるポイントは、発表した気象予報士の名前が表示されていない予報や、１００以上の地点の山の天気予報を発表している予報、一日に何度も更新している予報だ。

また、気象会社ではない登山情報サイトに記載されている予報で、発表している気象会社が明記されていないものも要注意である。そうした天気予報は、かなりの確率で自動計算の結果を表示している予報になる。

さらに、もっとも危険なのは、山麓の天気予報なのに、山頂の天気予報と誤解して利用している登山者が多いこと。あるいは山麓の天気予報をそのまま山頂にも当てはまると思っている登山者だ。サービスによっては、山麓の天気予報なのに、山頂と誤解されるような表示があり、それにも大きな問題があるが、無料で誰でも見られる天気予報ページは、ほとんどが山麓のものなので要注意だ。

気象業務法により、誰もが見ることのできる一般向けの山頂の予報は、気象庁の検定に合格した気象測器を山頂付近に設置して、そこからの観測データを入手できる環境がなければ、予報を行なってはならないことになっている。実際、すべての山において、観測機器を設置するのは無理だし、現状、設置されているところはわずかだ。したがって、誰でも見ることができる天気予報は、一部の予報会社による期間限定のものを除き、山麓の天気予報であると思ったほうがよい。

「槍ヶ岳の天気予報」で検索した天気予報であっても、予報のところに小さく「長野県北部」あるいは「長野県大町市」の予報となっている場合は山麓の天気予報だ。また、小さく書かれている注意書きにも全部目を通しておく必要がある。

気象遭難のほとんどが避けられる遭難である。自分だけの命ではない。せっかくの楽しい登山を悲劇で終わらせないためにも、天気予報の特徴をよく知り、天気を学んで「よければこうなりそうだけど、悪い場合はこうなる可能性がある」と幅を持って解釈し、悪い場合のリスクにも対応できるように準備して登山に出かけよう。

また、登山の場合は天気がわかればいいというものでもない。予想される天気によって、自分が登る登山ルートにどういうリスクが想定されるか、そのリスクを避けるにはどうすればよいのかを考えることである。それについては、第5章で詳しく述べることにする。

注1　「Automated Meteorological Data Acquisition System」の略で、「地域気象観測システム」という。雨、風、雪などの気象状況を時間的、地域的に細かく監視するために、降水量、風向・風速、気温、日照時間の観測を自動的に行ない、気象災害の防止・軽減に重要な役割を果たしている。アメダスは1974年11月1日から運用を開始し、現在、降水量を観測する観測所は全国に約1300カ所ある。（気象庁ホームページより）

注2　気象レーダーはアンテナを回転させながら電波（マイクロ波）を発射し、半径数百キロの広範囲内に存在する雨や雪を観測するもの。発射した電波が戻ってくるまでの時間から雨や雪までの距離を測り、戻ってきた電波（レーダーエコー）の強さから雨や雪の強さを観測している。また、戻ってきた電波の周波数のずれ（ドップラー効果）を利用して、雨や雪の動き、すなわち降水域

の風を観測することができる。（気象庁ホームページより）

注3　実際には、観測データには観測機器による誤差や人為的ミスなどの誤差が含まれており、その地点における平均的な気候値や、周囲の観測点のデータと比較して、誤りと判断されたデータを削除したり、修正したりする「品質管理」を行なっている。

注4　実際には「現在の値」をそのまま使うことはせず、天気予報の妨げになる慣性重力波ノイズを取り除く初期値化という作業を行なう。

注5　海上や砂漠地帯など観測データが少ない場所では、こうして求められた予想値を「現在の値（実況値）」としてみなし、格子点に空白がないようにしている。また、コンピュータで計算している途中にも観測データが次々と入ってくる。観測データが一括的にそろった段階で計算を始めると時間がかかり、最新のデータを計算結果に反映できないので、現在では計算を続けながら新しいデータを取り込んでいく四次元同化システムを取り入れている。

注6　一般財団法人気象業務支援センター。気象庁の保有する各種気象情報のオンライン・オフラインによる提供、気象予報士試験の実施、測器検定事務に加え、各種講習会等の実施、関連図書の刊行等の事業を実施している。

第3章

天気図から見た気象遭難

頻発する低体温症の大量遭難

２００９年７月16日。テレビ各局のニュースは、トムラウシ山で遭難事故が発生したことを報じていた。トムラウシ山（２１４１メートル）と美瑛岳《びえい》（１８８８メートル）で合計10人が亡くなるという、夏山登山史上で最悪の大量遭難となったのだ。事故の経緯や原因については、『トムラウシ山遭難事故調査報告書』（トムラウシ山遭難事故調査特別委員会発行）や『トムラウシ山遭難はなぜ起きたのか』（山と溪谷社）に譲るが、事故から年月が経過し、記憶が薄れている人もいると思うので、まずは概略について説明しよう。

トムラウシ山で亡くなった９人のうち、旅行会社アミューズトラベルのパーティが８人であった。アミューズトラベルが企画募集したツアーの構成は、参加者15人とガイド４人（うち１人はヒサゴ沼避難小屋でパーティから離団）の合計19人（事故当日は18人）である。

ツアーは４泊５日の日程で、旭岳からトムラウシ山への縦走に２泊３日を予定していた。予定では２泊目の７月15日にヒサゴ沼避難小屋泊、16日にトムラウシ山を経由してトムラウシ温泉に下山するはずだったが、暴風雨により、参加者が次々と低体温症で倒れ、パーティがバラバラになり、結果的に８人が亡くなるという非常に痛ましい事故になった。事故の直接の原因は、風雨が激しいにもかかわらず、天気図や下界の天気予報から得た情報により、16日の天気が回復していくと想定したことや、いくつもあった引き返しポイントで、引き返す判断をしなかったこと、パーティを早い段階から分けてしまったこと、登山ガイドがガイドとしての役割を果たせなかったことなど、多岐にわたる。

16日の荒天が長引くと最初からわかっていたら、ここまで行動を引っ張ることはしなかったのではないか？　私は「来るべきものがきてしまった」と思うとともに、悔しい気持ちを抑えられなかった。楽しいはずの登山が最悪の形になってしまい、遭難者の無念を思わずにはいられなかった。

私は２００７年に株式会社メテオテック・ラボ（川崎市）という民間の気象会社に就職し、そこで旅行会社への山岳気象情報の提供を国内で初めて開始した。トムラウシ山と美瑛岳で事故があった同じ日に、トムラウシ山から南に約90キロ離れた日高山脈の最高峰・幌尻《ぽろしり》岳（２０５２メートル）の予報を旅行会社に発表した。そのコメント部分が以下である。

１　旅行会社に発表した予報の一部抜粋（登頂予定日の２日前に発表）

「明日（15日）は低気圧が北海道付近を通過するため、雨となり、雨量も多くなる見込みです。ヌカビラ川が増水する可能性があり、徒渉できない可能性もあります。また、明後日（16日）は、低気圧が通過した後、北海道付近で等圧線が込み合い、幌尻岳の稜線では西寄りの風が非常に強まって断続的に雨が降る大荒れの天気となるでしょう。低体温症や強風による転滑落に厳重な警戒が必要です。稜線の手前で引き返すかどうかの判断が非常に重要になります。」この予報を受けて旅行会社は幌尻岳への登頂を諦めることにし、全員無事に登山口まで下山した。

トムラウシ山のある大雪山系での予報依頼はなかったものの、当日の気圧配置から、大雪山系では幌尻岳と同じか、それ以上の風雨になる可能性があると思っていた。残念ながら、事故を起こしたアミューズトラベル社とは当時、気象情報の契約をしていなかったため、天候が荒れる予想を出せなかった（その後、アミューズトラベル社はメテオテック・ラボ社と国内予報に限定した気象情報の契約を締結したが、２０１２年11月に中国・万里の長城のツアーで再び遭難事故を起こし、現在は廃業している）。

その後、私は「ヤマテン」という山岳気象に特化した会社を設立したが、この事故を契機として、天気予報だけではなく、気象遭難が起こる可能性が高い気象状況が予想されるときに、契約している旅行会社や、山の天気予報の会員向けに「大荒れ情報」を発表することにした。下記は２０１２年5月2日に発表した大荒れ情報の一部である。

2　5月2日発表の大荒れ情報から一部抜粋

「3日から4日にかけて本州の南岸沿いと日本海を低気圧が発達しながら進み、通過後は一時的に冬型の気圧配置となり、上空にはこの時期としては強い寒気が流れ込んできます。このため、3日は東北地方の太平洋側の山岳で暴風雨となり、4日は日本海側の山岳や中部山岳で次第に風雪が強まって、荒れ模様の天気となる見込みです。4日は強い寒気が流れ込むため、中部山岳北部では標高2000メートル以上で雪となる見込みで、2500メートル以上ではまとまった降雪となる恐れがあります。表層乾雪雪崩や低体温症に厳重な警戒が必要です。また、上信越や東北地方の山岳でも夕方以降、稜線で雪やみぞれに変わっていく見込みです（以下、省略）。担当予報士：猪熊」

残念ながら、このときも三国境《さんごくざかい》付近（白馬《しろうま》岳のすぐ北にある新潟、富山、長野の3県境）で6人が亡くなったほか、奥穂高岳や涸沢《からさわ》岳、爺《じい》ヶ岳などでも事故が発生し、北アルプスだけで合計10人が亡くなる大量遭難となった。

3　そのほかの気象遭難

気象遭難はこれだけではない。1989年10月には立山連峰（富山県）で中高年の登山グループ

8人が亡くなるという痛ましい事故があり、1999年9月には羊蹄山《ようていざん》（北海道）でツアー登山に参加した2人が死亡、2002年には大雪山系や十勝山系で事故が相次ぎ、6月には十勝岳で1人が、7月にはトムラウシ山で2人が、9月には黒岳と十勝岳で計2人が亡くなっている。

また、1994年2月には、剱岳《つるぎ》の黒百合《くろゆり》のコル付近と吾妻《あづま》連峰で相次いで気象遭難が発生。特に、剱岳の事故は、大学は違うが、私も同じ大学山岳部員であること、私と同年代の3人が亡くなったことから大きな衝撃を受けた。私が前年11月末に富士山で滑落事故を起こし、その際に重傷を負ったケガから退院をしたばかりの時期だったこともある。

剱岳の事故の状況を簡単に説明しよう。西大谷《にしおおたん》尾根から別山尾根を経由して剱岳の登頂をめざしていた早稲田大学山岳部のパーティは、順調に歩みを進め、1995年2月20日、剱岳に登頂するためのベースキャンプ（基地）を剱御前《つるぎごぜん》小舎付近に設置した。

翌日は天気がよければ、別山尾根から剱岳に登頂する予定だった。別山尾根は岩場に鎖やボルトなどが設置され、夏でこそ一般登山ルートとなっているが、冬季はこれらが雪に埋もれ、急な斜面はところどころ氷化して岩壁にはエビのしっぽ（注1）が付着することもある。また、剱岳は日本海に近い3000メートル級の高峰で、季節風がもたらす大量の降雪と日本海からの猛烈な風がこの山の登頂を非常に難しくする。冬の剱岳は、日本どころか世界でも屈指の気象条件の厳しい山なのだ。

彼らが登頂を予定していた21日は、二つ玉低気圧が発達しながら日本列島を通過する予想であった。当時のパーティリーダー（以下、リーダー）は、低気圧が発達しながら接近しつつあることをラジオの気象通報でおこした天気図から読みとっていた。そのため、登頂は翌日以後に延期することにしたが、早朝の段階では風が穏やかで、雪も降り始めていないことから、午前中は天気が持つと考えて剱岳への登頂をより確実にするために、リーダーを含む本隊はベースキャンプに留まって、上級生からなる別働隊が前剱（注２）の急斜面に固定ロープを設置することにした。

リーダーは天候が悪化する前にベースキャンプに戻るように指示をしていたが、固定ロープの設置に思ったより時間がかかり、引き返すころには吹雪となって視界が悪くなっていた。天候が悪化するなか、別働隊の一行は本隊が待つ別山乗越へ向かったが、一服剱《いっぷくつるぎ》付近で猛烈な吹雪となり、視界もほとんどない状態となった。このような状況で彼らはルートを見失い、ビバーク（注３）を決意。さらにひどくなった暴風雪のなか、ツエルトをかぶって一夜を明かしたが、ツエルトが風で破け、雪洞を掘る。しかしながら、悪条件のため、不完全な雪洞しか掘ることができず、その晩から翌朝にかけて３人が亡くなり、残り１人が驚異的な体力と精神力で、３日後にベースキャンプに戻った。

表3-1　1990年以降の主な気象・雪崩による遭難事例
（落雷を除く）

年月日		事故内容
1993年	5月3日	月山で低体温症により4人死亡
1994年	2月13日	吾妻連峰で低体温症により5人死亡
	2月21～23日	剱岳で低体温症により3人死亡
1995年	1月4日	千畳敷カールで雪崩により6人死亡
1999年	4月18日	浅間山で低体温症により4人死亡
2002年	9月11～12日	黒岳と十勝岳で低体温症により2人死亡
2006年	3月19～20日	八ヶ岳・阿弥陀岳で低体温症により3人死亡
	10月7日	白馬岳で低体温症により4人死亡
2007年	12月31日	槍平で雪崩により4人死亡
2009年	4月26日	鳴沢岳で低体温症により3人死亡
	7月16日	トムラウシ山で低体温症により9人死亡
2012年	5月4日	三国境（白馬岳北方）で低体温症により6人死亡など北アルプスで合計10人死亡
2014年	8月16日	穂高岳・滝谷出合で沢の増水により3人死亡

このときの教訓としては、北アルプス北部など日本海に近い山岳では、低気圧が接近するときに天候がそれほど崩れなかったり、一時的に穏やかな天気になることがあること。そして、低気圧が発達しながら通過した後に、急速に風雪が強まって進退窮まる大荒れの天気になることである。

実際、**ほとんどの低体温症による死亡事故は、低気圧が通過しているときや、通過前ではなく、低気圧の通過後に発生している。**このことを知らない登山者が多いので、こうした事故が時々起きる。必ず、登山前に登山当日の予想天気図を確認するなど悪天のリスクを予想することが、山で死なないために、登山者の最低限の義務であることを忘れてはならない。

山と平地の天気はなぜ違うのか？

平地は晴れているのに、山に雲がかかっていることがよくある。また、山麓は穏やかな天気なのに、稜線に出た途端、荒れた天気となることもある。これはどうしてだろうか？

天気が崩れるのは雲が発生し、成長するからである。雲は水蒸気を含んだ空気が冷やされて飽和に達すると発生する。空気は上昇すると冷えるので、雲は上昇気流があるところで発生する。上昇気流は低気圧や台風の中心付近、前線付近、風と風がぶつかり合うところ、地面が温められたところなどで発生する。平地で天気が崩れたり、雲ができたりするのは、このような場所においてだ。ところが、山ではこれらに該当しなくても簡単に上昇気流が起きる。

それは、山で風が吹くと空気が斜面に沿って昇っていき、それによって上昇気流が発生するからだ（図3－1参照）。山がなければ上昇気流

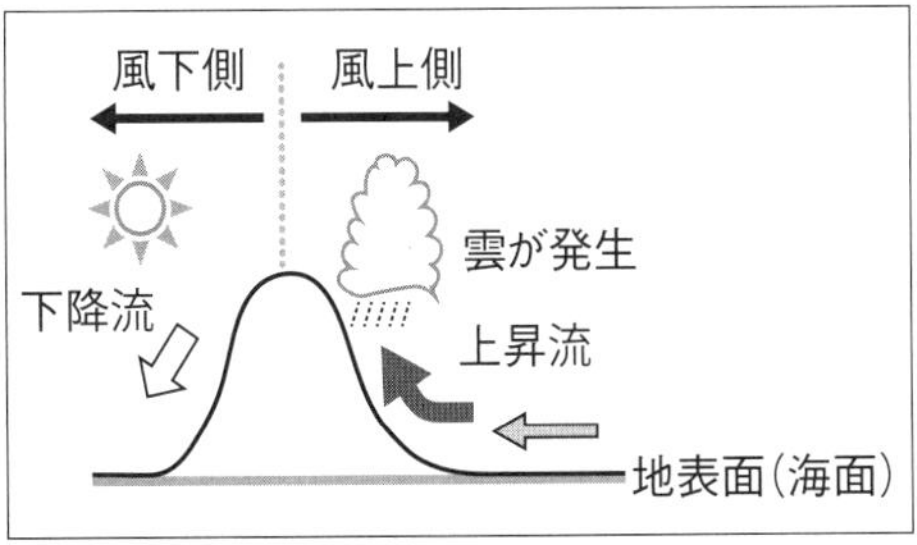

図3－1　海側から風が吹いてくる風上側の山で天気が崩れる

は起きないので、平地では雲が発生しない。そのため、平地では天気がよいのに山の上では天気が悪くなる、ということが起きる。

このとき、上昇する空気が乾いていれば、いくら上昇気流が起きても雲はなかなか発生しない。逆に、湿った空気が入ってくると、雲が発達して天気が大きく崩れることがある。低気圧や前線の周辺や南側、高気圧の縁では空気は水蒸気を多く含んでおり、台風によっても湿った空気がもたらされる。また、海上の空気は海からの水分が絶えず蒸発して、水蒸気が供給されているので常に湿っている。このため、**海から風が吹いてくるとき、山では天気が崩れる傾向にある。**

風がある程度強いとき、北アルプスや谷川連峰など、山脈の両側で天気が大きく異なることがある。特に海側から風が吹いてくるときに顕著に表われる。風上側では海からの湿った空気が上昇することとよって天気が悪くなり、風下側では山を越えて空気が下降するため、空気は次第に乾燥し、雲は蒸発して消えていく。このため、**登山の際に風下側の天気予報を利用することは、絶対にやってはならない**ことだ。

最近は、GPSなどで自分のいる場所にもっとも近い天気予報を自動的にパソコンやスマートフォンで表示してくれるサービスがある。風下側のルートから登るときに、登山口で天気予報を確認しても、それは山頂や稜線の天気とは違ってくるので十分な注意が必要だ。

目的とする山で、低気圧や前線、台風など天気を崩す要素がないのに、荒れた天気になるかどうかを判断するために、次のふたつのことが必要になる。

①目的の山と海との位置関係や周囲の地形を地図から調べる。

②予想天気図から登山当日の風の強さと向きを調べる。

日本列島は中央部に脊梁山脈（背骨のように連なっている山脈）が走っており、これを境にして日本海側と太平洋側に分けられる場所が多い。日本海から風が吹いてくるときは日本海側の山岳で、太平洋から風が吹いてくるときは太平洋側の山岳で天気が崩れるのが一般的だ。これは極めて大まかな区分法だが、まずは自分が登る山が太平洋側の山なのか、日本海側の山なのかをチェックする。

次に、目的の山岳と海との位置関係や、周囲に高い山があるかどうかなどを調べ、そのことから海からの湿った空気が入りやすいか、海から直接風が吹きつけてくる山なのかを、事前に地図で調べておくことが必要になる。また、風の強さは天気図の等圧線の間隔から、風の向きは等圧線の向きから容易に調べることができる。ここでは、紙面を割いて説明する余裕はないが、『山岳気象大全』（小著、山と溪谷社）や『山の天気リスクマネジメント』（廣田勇介氏と著者の共著、山と溪谷社）に説明されているので、確認してほしい。

天気図から見た気象遭難

平地や山麓の天気予報を見るだけでは気象遭難を防ぐことはできなくても、天気図を見ることで低体温症による気象遭難のほとんどは防ぐことができる。「晴れ」か「霧」のような、微妙な天気の違いを予想するのは難しいが、風雨や風雪のような激しい気象現象は、早くから前兆が表われ、比較的容易に予想できるからだ。特に、低体温症による事故が多発する気圧配置はほとんど同じで、それだけに絶対に起こしてはならない事故である。

事故を防ぐには、過去の気象遭難が発生した日の天気図を覚えることが一番の早道である。そこで、ここでは気象遭難が発生したときの天気図を紹介する。

1　低体温症による気象遭難が多発する気圧配置

低体温症が多発するのは低気圧が発達しながら日本列島を通過したあとの、日本海側の山岳。低気圧が北海道の北や千島列島、三陸沖などに抜け、等圧線が日本付近で込み合うときが特に危ない。

図3－2～3－6は低体温症による遭難が発生した日の天気図だ。いずれのケースも低気圧が日本列島を通過したあとに発生している。日本列島の東や北に低気圧があり、遭難が発生した山のあたりで等圧線が込み合っている。等圧線が込み合っているほど風は強くなることから、低気圧が抜けたあとは北西や西寄りの風が強まり、日本海からの湿った空気が山にぶつかって風上にあたる日本海側で雲が発達する（図3－1参照）。また、日本海側の山岳では、これらの風向きのときは、海から直接風が吹きつけてくるため、風が強まりやすい。それでこのような気圧配置のときは、日本海側の山岳で風雨が強まり、秋や春には標高の高い山や北日本の山岳で吹雪となる。

そのようなときに山麓や平地の天気予報を利用しても、山頂や稜線で荒れた天気になることは予想できない。これらの天気図に共通する特徴を覚え、それが予想天気図で見られる場合、日本海側の山岳では、風の影響を受けやすい森林限界より上部には行かないようにしたい。また、八ヶ岳や中央アルプス、南アルプス稜線や富士山の上部など日本海から離れた山でも風が非常に強まる。富士山を除く各山岳では、寒気の強さによっては天気が崩れることもあるので注意が必要だ。

低体温症による気象遭難は、北海道の山岳では台風の接近によっても発生している。台風による気象遭難は北海道以外では少ない。それは、台風が接近するとテレビやインターネットなどで接近情報が大きく報じられることから、登山をとりやめる登山者が多いからだ。しかしながら、北海道

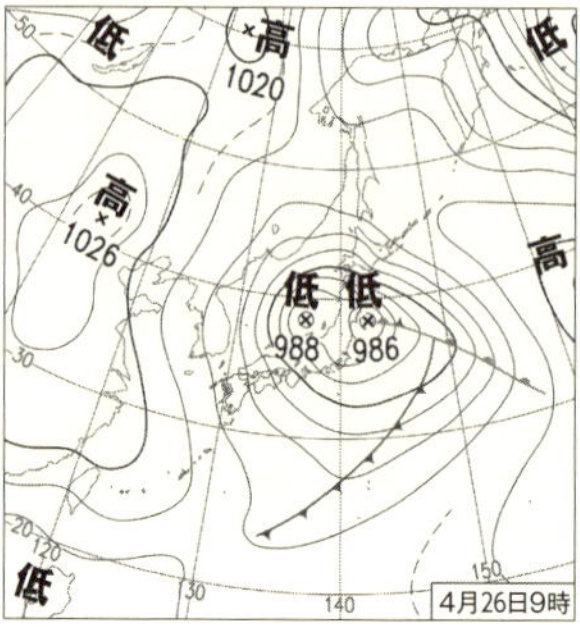

図3－5　鳴沢岳で大学山岳部パーティ３人が遭難した日

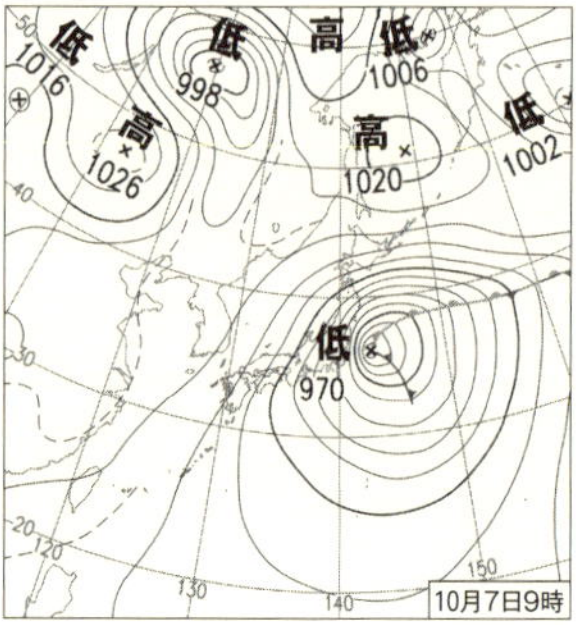

図3－2　白馬岳でガイド同行の登山者が4人亡くなった日

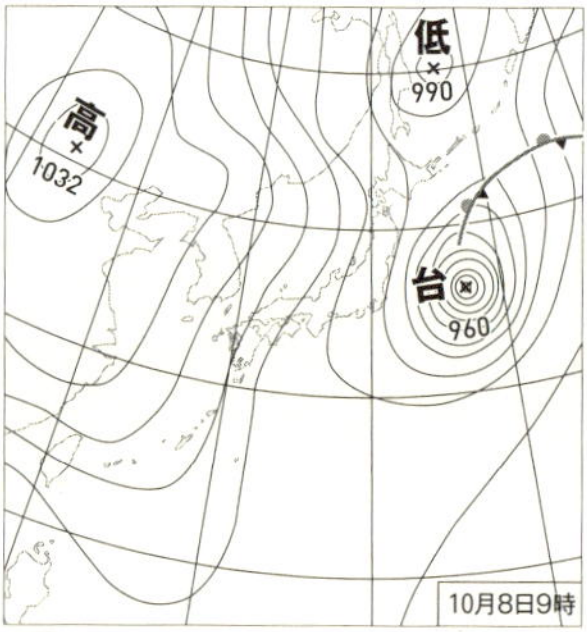

図3－6　立山連峰で大量遭難が発生した日

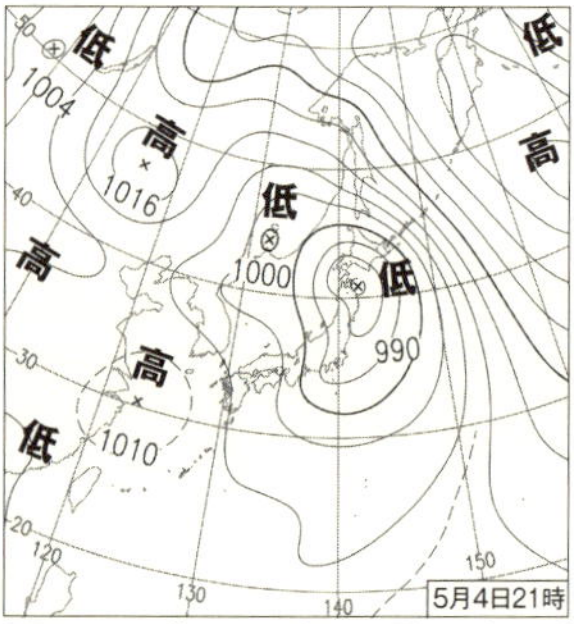

図3－3　北アルプスで計10人が遭難死した日

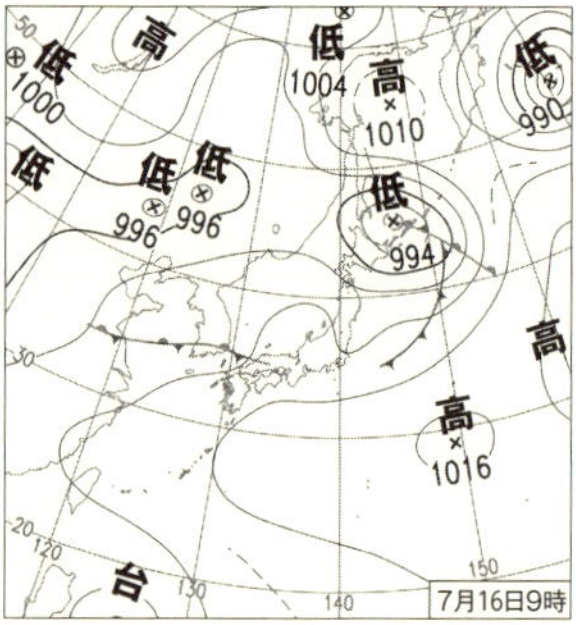

図3－4　トムラウシ山で大量遭難が発生した日

に接近するころには台風が速度を急激に早めて、気象庁が発表する台風の進路予想よりかなり早く接近したり、台風が通過した後の山麓における天候回復にだまされて強行してしまう例がある。

北日本の山岳では台風がスピードを上げることが予想されるとき、早めに安全地帯まで下山することを心がけるべきであり、予想より早く台風が接近することを想定して登山計画を変更することも必要だ。

2　落雷、沢の増水、土砂崩落による遭難が多発する気圧配置

ここ数年は天気に関心を持つ登山者が増え、山の天気を学ぶ講座もいろいろなところで開催されている。精度の高い山頂の天気予報も入手できるようになったし、山小屋でも天気予報を張り出し、それに基づいて登山者に危険が予想される天候のときは注意を呼びかけている。このため、低体温症の事故は減る傾向にあるが、それに代わって増加傾向にあるのが、沢の増水で流されたり、落雷による事故である。

近年増えてきているこのタイプの遭難は、気象予測が難しい積乱雲の発達によってもたらされる。積乱雲の発達による落雷や、短時間の大雨は予想が難しい。しかしながら、特に危険の高い気圧配

置は2種類あるので、これを覚えておき、登山前に予想天気図を確認して、これらの特徴がないかどうかをチェックすることが、気象遭難のリスクを下げるうえで効果的だ。

ひとつ目の危険な気圧配置は、前線を持たない小さな低気圧（低気圧の中心を囲んでいる等圧線がふたつ以下が目安）が目的の山の北西側や西側にあるときだ。図3－7の天気図には日本海に前線を持たない低気圧がある。これは寒冷低気圧といって、上層に寒気を伴った低気圧だ。この低気圧の周辺では大気が不安定になり、特にその南東側や東側では下層に暖かく湿った空気が入って、積乱雲が発達しやすい。実際、このときも低気圧の南東側にあたる尾瀬で落雷事故が発生した。

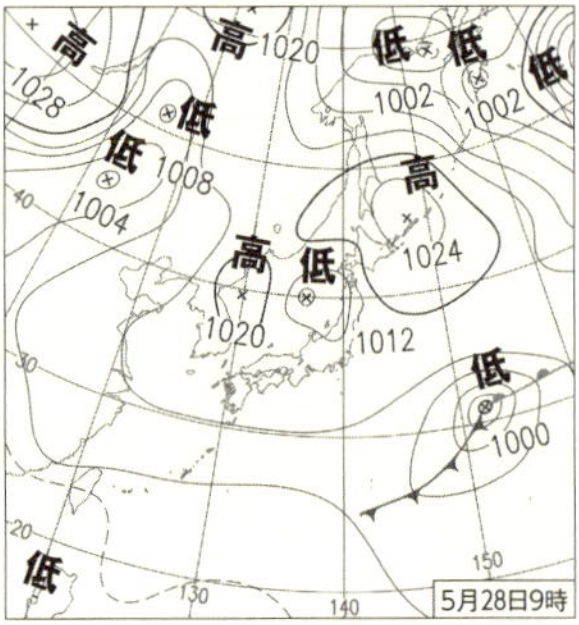

図3－7　尾瀬で落雷事故が発生した日。上層に寒気を伴った低気圧が日本海にあり、この南東側で積乱雲が発達した

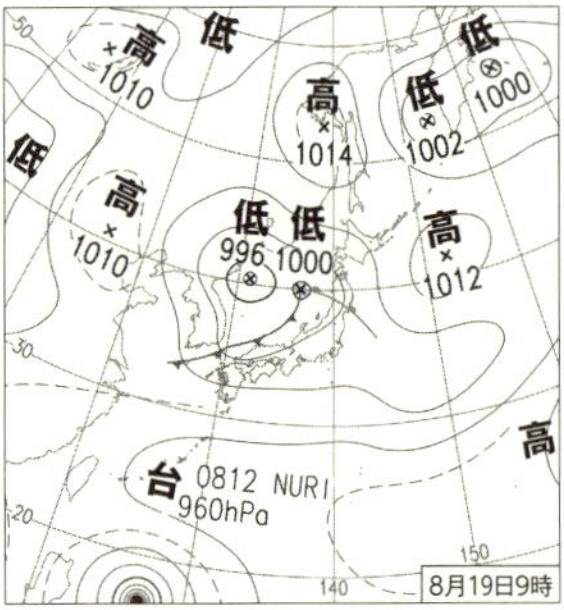

図3－8　白馬岳で土砂崩落により2人が不明となった日。日本海から前線が南下し、この南側で雷を伴った非常に激しい雨が降る。夏山でもっとも危険な気圧配置のひとつ

もうひとつは、日本海から前線が南下する気圧配置である。真夏は日本列島が太平洋高気圧に覆われることが多いが、高気圧の勢力が後退することがある。そのようなとき、中国大陸から日本海へ前線が延び、これが南下してくる。この前線の南側では暖かく湿った空気が流れ込むため、積乱雲が発達しやすく、特に前線付近とその南側３００キロ以内は非常に危険だ。これらの気圧配置が登山当日予想されるときは、落雷や沢の増水、土砂崩落などのリスクがあるルートは避けよう。

登山者が気象を学ばないとならない理由

これまで見てきた気象遭難においては、ツアー登山やガイド登山の事故では少なくとも引率者が事前に天気予報を入手している。ところが、天気予報は山麓の天気予報であったため、当事者は山岳における天候の悪化を予想することができなかった。また、低気圧や台風が抜けていけば、天気が回復するだろうという短絡的な予想をしたことが大きな事故につながってしまった。

これまで述べたように気象遭難が発生するときは、山麓と山頂とで天気が大きく異なるときだ。過去の気象遭難においても、気象庁や民間の気象会社が提供している天気予報を利用して気象遭難に遭遇しているケースが多いのはこのためである。

これを防ぐには、登山前に予想天気図を見るしかない。最低でもここに挙げた天気図の形は覚えておこう。予想天気図を見て、これらの特徴に該当したときは登山計画を慎重に見直したい。

ただし、いくら山上での天候の悪化を予想できたとしても、引き返すタイミングを誤ったら事故は防げない。5〜8章では過去における気象遭難を例に挙げて、いつ、どこで引き返すべきだったのかを検証し、引き返す時間や場所をどのように決定すべきなのか、事前に地図や地形図等から読み取らなければならないさまざまなリスクについて考えていく。

注1　冬期、風の強い稜線などの植物や岩、建物などにできる霧氷の一種で、エビの尾のような形をしたもの。
注2　剱岳から南西に延びる別山尾根上にあるピーク。
注3　登山においてテントや山小屋に帰着できず、緊急的に野宿すること。通常、ツエルト（簡易テント）を張ったり、冬季においては雪洞を掘ることで寒気や降雪、降雨、風などから身を守る。

第4章

雨の日登山のすすめ

雨の日に出かけてみよう

「山の天気ハイキング」という、実際に山に登って天気を学ぶ講座を旅行会社でやらせてもらっている。すでに50ツアー以上催行していて、そのなかには雨のツアーも何度かあった。そんな私がツアー参加者からつけられた、ありがたくないあだ名は「雨男」。もちろん、晴れる日もけっこうあるのだが、やはり晴れた日より雨のほうが印象強いようだ。それだけ「雨は嫌なもの」という思いがあるのかもしれない。

最近、気象庁などが発表する週間予報で週末が雨予報だと、登山を中止する登山者が多いと聞く。これを聞いて「なんてもったいない」と思う。なぜなら、週間予報は先の予報ほど精度が低く、特に夏場においては3日以上先の予報は外れることもけっこうある。ましてや気象庁などが発表する週間予報は平地のものなので、山ではまったく異なる天気になることもあるのだ。「平地が雨だったら、山も雨だろう」と思う人も多いだろう。しかし、山麓は霧雨が降っているのに、山の上は快晴だった、ということもある。そのようなときは、見事な雲海が見られ、風も弱いことが多い。「雨予報だったので登山を中止したが、結局晴れてしまった。行けばよかった」とくやしい経験をした人もいるのではないだろうか。

近くに住んでいれば、前日の天気予報などを見て、天気がよさそうな山へ急遽出発なんてこともできるが、遠方の場合は、列車やバス、宿の予約など事前に行なわなければならない手配もあり、そう簡単にはいかない。

そこで私がおすすめするのは、**微妙な予報だったらまずは行ってみること**。大荒れの天気にならなければ、そんなに天気に神経質にならなくてもいいのでは？　と思っている。私が講師を務める登山ツアーにおいても、台風や発達した低気圧が来たり、前線が日本付近に停滞して目的の山岳がその南側に入るなど、第3章で取り上げたような、明らかな大荒れの天気でなければ、第5章で述べるように計画段階でさまざまなリスクを想定し、それに対する対処法をしっかりと考えたうえで決行することがほとんどである。

天気予報が悪くても決行する理由は3つある。ひとつ目は、山の天気は変わりやすく、また平地とは異なることも多い。予報精度が向上した現在でも行ってみなければわからないこともある。したがって、まずは行ってみて現場で判断することも山登りの重要な技術のひとつであり、また、山登りのおもしろさのひとつだと思う。

ふたつ目は、たとえ予報どおり雨になったとしても、雨の日ならではの登山の楽しみ方もある。

たとえば、屋久島や北八ヶ岳の原生林を歩く登山では、雨の日のほうがずっと美しい景色に出会える。苔が鮮やかな色に変わり、苔から滴り落ちる水滴がなんともいえない風情をつくっている。また、木々も苔も花もみな、生き生きとしていて森全体が喜んでいるかのようだ。鬱蒼とした原生林にかかる霧も幻想的で、そんななかにポツンと佇んでいると幸せを感じる。

雨上がりに雲が動いていく様子はダイナミックで、霧がパーッと晴れたときの絶景も晴れた日には味わえない感動だ。雨上がりの森の色の劇的な変化もすばらしい。暗かった森が太陽の光を浴びていっせいに輝き出す、私がもっとも好きな瞬間だ。

また、冬の冷え込みが厳しい日や風が強いとき、雪が止んだあとの森は樹氷をまとって、自然が見せてくれる想像もできないほどの感動的な光景に言葉を失う。自然は意地悪なことに、厳しい環境ほど、美しい姿を見せてくれるものである。

雨の日登山をすすめする理由の3つ目は、安全性からの問題だ。「私は晴れ女なの。天気予報が晴れの日にしか登らないのよ」と語っているそこのあなた。そのジンクスがずっと続くとは限らない。実は、こういう登山者には問題がある。もし、天気予報で晴れの日を狙ってこれまで登ってきていたのだとしたら、天気予報が外れたときにどのように現場で対応するのかを考えているのだろうか。考えているのであればよいのだが、そうでない登山者も散見される。

これまで天気予報がたまたまずっと外れずにきていて、それに慣れてしまい、日帰りだからとか、短い山行だからということで雨具を持っていかない人もいるようだ。しかしながら、もし雨具を持っていかなければ、当然ながら雨が降ってきたときに濡れてしまう。濡れるだけならいいのだが、気温が低くて雨が激しいときや、風が強いときなど低体温症の危険性が大きくなる。途中まで晴れていても、突然土砂降りの雨になることもあり、そのようなときも同じような危険が伴う。

また、雨具を使う機会が少ないので、雨具を持っていってもザックの一番奥に入れている人もいる。あるいは、一度もレインウェアに袖を通したことがないということも聞く。そのような人は、いざ雨が降ってきて引率者やパーティリーダーに「雨が降ってきたので、雨具を着ましょう」と言われると、ザックの奥から引っ張り出すのにまず時間がかかり、雨具を着るのにもほかの人より時間がかかる。その間に体が濡れてしまい、体温が奪われてしまう。

さらに、雨具を着ていてもジッパーがきちんと上がっていなかったり、フードのかぶり方が不十分だったりする人もいる。ジッパーをきちんと閉めていないと、そこから水が入ってきて体温が奪われることにつながる。また、ザックの奥に雨具を入れると、雨具を取り出すときにほかのものを取り出さなければならず、荷物が濡れてしまったり、風が強いときはそれらが飛ばされたりするリスクが高い。さらに、そういう人に限って雨具のメンテナンスも行なっておらず、撥水機能や防水機能が落ちている可能性もある。

雨の日ばかりではない。現在の登山者は、登山経験や年間の登山日数そのものが昔の登山者より減っている。それは一般の登山者の傾向ではなく、大学山岳部でも同様だ。私が学生のときは、体育会の正式な合宿であれば、授業を休んでも公欠扱いになったものだが、最近はそれが認められなくなり、授業を休むことが難しくなった。学生なので学業に専念すべきだから、それは当たり前なのかもしれない。それで今の学生は夏休みを除いて長期の山行に行く機会が少なくなっている。

また、地球温暖化の影響で冬型の気圧配置が長続きすることが少なくなり、吹雪で山中に閉じ込められるという経験がない山岳部員がほとんどだ。本当に吹雪かれるとどういう状況に陥るのか、そうした状況下でテントを張るにはどうしたらよいかなど、頭ではわかっていても、心や体ではわかっていない。それで、私は冬山の本当の怖さを知ってもらうために、気象条件が厳しい山（それでいて、すぐに安全地帯まで引き返せる山）に行くことを学生にすすめている。厳しい状況のなかでこそ、学べることが多いからだ。

同じように、晴れたに日ばかり登っていると、「晴れ女（男）」伝説が終わるときに、痛い目に遭うだろう。そうならないように、雨予報のときは、雨の日でも楽しめるような山で、天気予報に左右されずに登ることが山の楽しみと安全性をさらに高めてくれるのではないだろうか。

天気の崩れが少ない山を選ぶ

そうはいっても、ずぶ濡れになるのは私も嫌である。どうしても雨に濡れたくない人は、より天気の崩れが小さい山を選ぶのがおすすめだ。第3章で述べたように**海側から風が入ってくるときは、風上側の山で天気が崩れる**傾向がある。逆に言えば、**海と山との間に障害物（目的の山より高い山脈など）があるほど、海からの湿った空気は入りにくく、また、風下側の山ほど天気が崩れにくくなる。**ということで、目的の山が海から遮るものなく、湿った空気が入ってくるようなときは、天気図や風向きや風の強さをチェックし、その山の反対側（風下側）の山に行ったほうがよい。特に、海との間に高い山が連なっているほど、天気はよくなる。

山脈を貫く長大なトンネルを抜けると天気が激変することがある。ヨーロッパでも、アルプス山脈北側、フランスのシャモニで天気が悪いときは、モンブラン・トンネルと呼ばれる国境の長大なトンネルを抜けてフランス側から南側のイタリア側に入ると、天気がよくなることが多い。アルプスのガイドはそれをよく知っているので、天気によって登山やハイキングをする場所を変えることもある。天気が悪い場合は、長いトンネルを抜けて風下側に行くと、気圧配置によっては好天をつかまえられる確率が高くなる。

たとえば日本海からの北西風が吹くときには、妙高・火打、越後三山、谷川連峰など日本海側の山岳では天気が悪くなるが、山を越えて風下側にある赤城山、奥日光、奥秩父、浅間山などでは天気がよくなることが多い。

逆に、関東地方で太平洋からの湿った北東風が吹くときは、奥多摩や丹沢など関東の山岳では天気が悪いが、笹子トンネルを抜けて風下側の南アルプスや八ヶ岳に足を延ばすと天気がよくなることが多い。また、そのようなときは、雲の高度が低いことが多く、富士山や男体山《なんたい》（２４８６メートル）など標高の高い山に行けば、雲の上に出て晴れている可能性がある。

とはいっても、もちろん暴風雨のなかを歩くことをすすめているのではない。吹きさらしの尾根を歩くときに、風雨や風雪が激しかったり、落雷の恐れがあるとき、沢沿いのコースを歩く際にまとまった降雨が予想されたり、異常な高温で雪解けが進むことが予想されるときは、登山を控えたり、よりリスクの少ないルートに変更するべきだ。

第5章

低体温症を防ぐシミュレーション

シミュレーションは気象遭難を防ぐための必須技術

1 自分だけは大丈夫と思っていないか？

事故は突然、予想もしなかった形で起きる。誰もが起こしたいと思って起きるものではない。想定していなかったことが発生したときに、それに対処できないことで事故になる。遭難原因でもっとも多い道迷いは、現在地に対する自分の思い込みから発生し、気づいたときに引き返すという判断をしなかったことにより事故に至っているケースが非常に多い。

恥ずかしい話、私も道迷いをしかけたことが何度かある。それは、やはり自分の思い込みによるものが多く、登山道が曲がっているところを見落としてしまったミスもある。ただし、いずれの場合もすぐに「おかしい」と気づき、そのまま前進することをせず、引き返すことでタイムロスや体力の消耗を少なくすることができた。この「おかしい」と感じる感覚がとても重要である。そのためには、事前に周辺の地形を地形図などで把握しておき、周囲の状況、道の状況、傾斜などから本来通るべき登山道と自分が歩いている場所との差異を感じ、あやしいと思ったらすぐに地形図とコンパスを取り出して現在地を確認することだ。

次に多い転倒・滑落にしても、漫然と歩いていたり、いい加減に足を置いたりして、自分が思った以上に岩が濡れていたり、足場が安定していなかったりしたときに、それに対応できる身体能力がないことでバランスを崩すのが原因だ。

これらの事故を防ぐためには、第一に体力をつけること、第二に余裕のある計画を立てること、第三にいい加減に足を置かないことである。第三はそのままではないか、と思う人もいるかもしれないのでもう少し説明を加える。いい加減に足を置かないためには、浮石に足を置かない、不安定な場所に足を置かない、怪しいと思った足場はなるべく避け、どうしても置かなければならないときはそっと確かめながら置く。岩場では三点支持を徹底し、体を岩から離して足場や手がかりをよく観察することも大切である。これらを徹底すれば、転倒や滑落をすることはまずないだろう。

気象遭難においてもこれらの事故と同じように、想定外の状況に遭遇したときに起きている。もちろん、気象状況を１００パーセント予想することなど誰にもできない。ただし「よい場合はこれくらい、悪い場合はこれくらい」とある程度、幅を持って予想することはできる。悪い場合に備えてリスクを想定し、それに対処できる準備をしていくことが大切なのだ。特に、低体温症のリスクが高い暴風雨（雪）となる可能性を予想できないと致命的な結果になりかねない。

登っているときは、誰もが「自分だけは大丈夫」と大なり小なり思っているものだ。私も学生時代に富士山で滑落事故を起こすまではそう思っていた。山の事故は交通事故と似た面がある。交通事故もみな「自分だけは大丈夫」と思っていて、起こしたときに初めてそれが間違いだとわかる。

ところが、登山も交通事故も初めての事故が死亡事故につながっては取り返しがつかない。だから、登山前に「想定外」を極力少なくする努力をし、万が一「想定外」が起きたときに、それに対処できる方法を身につけるのがもっともリスクを少なくする方法だ。

私は1993年11月末に富士山で突風による滑落事故を起こした。その瞬間までまったく予想しなかった事故であった。つまり、事故が起きることをまったく想定できていなかったということだ。それは、自分に襲いかかるリスクについて想定できなかったことによる。リスクを事前に想定できなければ、事故は防げない。登山中のリスクを事前に想定するために、ここで「登山の際に確認すべき13カ条」を紹介しよう。

登山の際に確認すべき13カ条

●出発前

①パーティのリーダー、メンバーや時期、山域を決定

②パーティの力量に合った計画を立てる。その際、体力や経験がもっとも少ない人を基準とする（単独の場合は自分の力量を基準とする）。考えるのは体力とスピード、技術

③目的とする山の気象条件について20万分ノ1地勢図、あるいは広範囲をカバーする地図から考える

④ルート上のリスクを2万5000分ノ1地形図や登山ルート図、他パーティの記録などから想定

⑤登山前に2万5000分ノ1地形図から、現在地を確認するポイント（登山道が分かれていたり、カーブしたり、傾斜が急に変わるところ、尾根に出るところ、沢を徒渉するところ、沢が分かれるところ、植生が急に変わるところ、崖や岩壁の存在、送電線などの建造物の存在など、地形的な特徴が明瞭な場所）を決めておく

⑥ルート中の気象リスクを2万5000分ノ1地形図から想定し、引き返しポイントを決める

⑦目的の山の天気を天気図などから予想する

●登山中

⑧出発時に雲を観察し、大気の状態や上空の風向き、風の強さを推測する

⑨登山中に観天望気やスマホによる最新の気象情報などで事前の予想を修正し、気象上のリスク

を少しでも早く察知する
⑩森林限界、尾根に出る手前、稜線に出る手前で、その先に進むかどうかの判断を下す
⑪⑤で決めた、地形的な特徴が明瞭な場所で現在地の確認
⑫④で想定した、地形上や気象上のリスクについて、現場での判断と対応
⑬⑧以降を繰り返しながら、登山する

計画、準備段階から登山中、下山に至るまで常に考えなければならないことは、**自分とその仲間たちが引き返せるかどうか**ということ。特に登山中は**ここからなら引き返せるか**ということを常に考えながら歩かなければならない。

さて、ここからは気象遭難でもっとも死亡者数が多い低体温症、6章、7章では最近増えつつある局地豪雨による沢の増水や落雷、さらに8章では突風よって起きた事故をそれぞれ取り上げて、登山前、登山中にどのように判断すれば事故を防ぐことができるのか、リスクを減らすことができるのかについて、前記13カ条に基づいて考えていく。なお、それぞれの事故の検証については不明な点も多いので、わかる範囲での分析とすることをご容赦願いたい。

低体温症の事例

事例1……2012年5月4日 小蓮華山（新潟・長野）

北九州市の63歳から78歳までの医師ら6人パーティが2012年5月4日、午前5時30分に栂池ヒュッテを出発し、乗鞍岳〜白馬大池〜小蓮華山〜三国境《さんごくざかい》〜白馬岳を経由して白馬山荘をめざしたが、翌5日、三国境付近で6人全員が低体温症で亡くなっているのが見つかる。

ここで、この事例を13カ条に当てはめて検証してみよう。

①パーティのリーダー、メンバーや時期、山域を決定

このパーティが提出した登山計画書によれば、5月4日〜5日の1泊2日、予備日なしの計画だった。登山ルートは1日目に栂池自然園から入山。白馬大池、小蓮華山、白馬岳山頂を経由して山頂直下にある白馬山荘泊。2日目は大雪渓から猿倉へ下山、というものであった。

登山ルートは技術的に困難な場所はほとんどないが、白馬岳頂上宿舎付近から大雪渓への下りが急峻で滑落の危険があることと、森林限界を超える尾根上を長く歩かなければならないという特徴

がある。さらに、尾根上からのエスケープルート（荒天時など、何らかの理由で予定どおりの行程を歩くことが難しくなったときに、途中で下山するためのルート）も、白馬大池から蓮華温泉へ下る以外には急峻なルンゼ（注2）を栂池や大雪渓方面へ下るほかない。しかし、このルンゼは一般の登山者にとって技術的に困難で、雪崩の危険もあることからエスケープルートとして一般的ではない。したがって、白馬大池から先、白馬山荘までエスケープルートはなく、気象が急変したときのリスクは大きい。

このように**エスケープルートがなかったり、途中に避難小屋や営業小屋がないルートの場合、何時までにある場所に到着できなかったら引き返すというタイムリミットや、引き返し場所（ここでは引き返しポイント）をあらかじめ、しっかりと決めておかなければならない。**

エスケープルートや避難小屋、営業小屋など荒天を避けられる場所がある場合には、○○までは往路を引き返す、そこから◎◎までは避難小屋に避難する、そこから△△まではエスケープルートを下山するなど、途中でアクシデントや荒天に見舞われたときの行動をあらかじめ決めておこう。

事例の場合、栂池自然園から船越《ふなこし》ノ頭までは往路を戻るのがもっともよいだろう。船越ノ頭からは白馬岳へ向かうよりも栂池自然園へ下るほうが体力的にも楽だし、時間もかからず、天候が急変したときのリスクが少ない。仮に南寄りの強風で白馬乗鞍岳の通過が困難であれば、白馬大池から風の影響が少ない風下側（北面）の斜面を蓮華温泉に下ることもできる。ただし、ゴールデンウィークなど蓮華温泉までの車道が開通していない時期は、蓮華温泉から平岩駅までスキー、または徒歩で移動しなければならず、下山にかなり時間がかかるので、その点を考慮する必要がある。

さて、今回は蓮華温泉へ下るルートのほかに、稜線から容易に脱出できるエスケープルートがなく、白馬山荘までこの時期に利用できる避難小屋や営業小屋はないので、天候が悪化したり、トラブルが発生した際、いつまでにどこで引き返すかを決めなければならない。その際に参考になるのが標準コースタイムだ。

栂池から白馬大池までは夏季のコースタイム（注２）で約３時間20分。白馬山荘までは約７時間だ。彼らが白馬山荘までどの程度の時間を見込んでいたのかは調べる手立てがないが、パーティの年齢や残雪期ということから、10～11時間程度を見込んでいたと考えるのが妥当であろう。それ以上を見込んでいたとすれば、それは時間がかかりすぎであり、このルートに挑戦する体力やスピードがないと判断すべきである。なぜなら、ゴールデンウィーク期間中で多くの登山者やスキーヤーがこの山域に入っており、少なくとも小蓮華山まではトレースが期待でき、積雪によって夏道（注３）より直線的なルートをとれるところも多いことから、無雪期と同じか、それより少ないコースタイムで歩ける時期だからだ。力があるパーティにもかかわらず、これ以上の時間がかかる場合は、

引き返しポイント③
強風・落雷などの避難適地
森林限界
引き返しポイント①
平坦地
道迷い注意
広葉樹林帯
白馬大池山荘
大池山荘
白馬大池
天狗原
乗鞍岳
急傾斜地
引き返しポイント②
栂池自然園ビジターセンター
スタート地点
雨裂
引き返しポイント④
タイムリミット12:00※
登山口
自然園駅
遭難パーティ5:30出発
栂池自然園
雁股池
馬村
岩壁帯
落石注意
砂防工事専用道路
長走沢
ゴール地点
猿倉荘
※タイムリミットや出発時間は
パーティの力量により異なる

図5－1
船越ノ頭
雪庇
小蓮華山
雪庇
岩壁
タイムリミット13:00※
二重山稜
（強風・落雷時の避難場所）
引き返しポイント⑤
積雪期
白馬連山高山植物帯
岩壁、雪庇
視界不良時
道迷い注意
白馬岳
白馬山荘
1日目の目的地
沢地形
雪崩注意
白馬村
白馬岳頂上宿舎
急傾斜地
岩室
大規模な雪崩
岩壁帯
落石注意
大雪渓
滑落、雪崩に注意
大きな雪崩が
到達するエリア
（事故多発）
白馬沢
白馬尻小屋

降雪直後などラッセル（注4）が多かったり、視界がまったく利かず、ルートを探すのに時間がかかることも考えられるが、このような場合、一般の登山者は登山を中止すべきである。

逆に10時間より少ない見立てであれば、彼らの実際のスピードからみても楽観的に過ぎる。彼らが11時間の行動を予定していたと仮定する。この時期は日が長いとはいえ、17時までには山荘に到着したいから、出発時間を5時30分ごろに設定したと思われる。この出発時間は妥当であろうか。この時期は5時前から明るくなってくることから、後述するように5時30分出発では到着時間がギリギリになるので、出発を30～40分程度早めた方がよかったのではないかと思う。

さて、11時間行動という長丁場であれば、休憩の合計時間は1時間程度に抑えたいので、実際の行動時間は10時間程度ということになろう。つまり、コースタイムの約1・4倍ということになる。ということは、白馬大池まで休憩を入れれば5時間程度、船越ノ頭まで6時間程度、小蓮華山まで7時間30分程度という計算だろうか。

この設定時間は17時到着を予定しているので、誰かがバテたり何かトラブルがあれば、17時を大幅に過ぎてしまう可能性がある。つまり、ギリギリの設定時間である。このタイムより遅れることがあれば、目的地に到着するまでに暗くなってしまったり、体力の限界を超えて疲労のために動けなくなる可能性が十分にある。目的地に到着する時間は、夏期には落雷のリスクも考えて13時ごろ、落雷の少ない季節であっても、日没の２時間前までには到着するのが望ましい。

この時期は、白馬岳山頂の日没が18時50分ごろであるから17時前には白馬山荘に到着したい。そう考えれば、小蓮華山で予定より30分程度の遅れが限界といえるだろう。つまり、小蓮華山に13時30分に到達しなければ下山、あるいは船越ノ頭に12時までに到達しなければ下山という設定にしたいところだ。さらに、天候が悪化するかどうかを予想して、天候悪化時の引き返しポイントについても考慮しなければならないが、これについては後述しよう。

次に下山ルートについて検証する。登山は登りより下りの事故が多いということは広く知られている事実で、「登頂したら終わり」ではない。パーティが下山ルートとしている大雪渓は、この時期、積雪状態によっては雪崩の巣ともなり、実際に雪崩事故も頻発している。つまり、状況によっては下降のリスクが非常に大きくなることが想定され、気軽に下降できるルートではない。そういう意味からもこの下山ルートをとる場合には、降雪があったときに積雪が安定するまでの時間や、ほかのルートに変更する場合のことを考えて予備日を必ず１日以上とっておきたい。また、往路を栂池自然園へと下山する場合にも、風雪（雨）時に稜線上の行動が厳しくなることから、残雪期には予備日を１日以上とらなければならない。予備日を設ける日数は、自分たちがどの程度の気象条件で行動できる力（視界が多少悪くても、ルートを見失わずに行動できるか、多少の風雪、風雨でも行動できるかどうか）があるかによるし、時期や山域によっても異なる。真冬の白馬岳や立山連峰は、近年は少なくなったものの風雪が1週間続くこともあり、予備日を行動日数の2倍以上とりたいところであるが、真冬の八ヶ岳やゴールデンウィークの北アルプスであれば、動けないほどの悪天は長くても2〜3日なので、2〜3日とっておけば十分である。

新聞などの報道によればこのパーティは登山経験がそれなりにあるようだ。彼らも自分たちには問題なく登れると判断したのだろう。仮にそうであったとしても、彼らの計画からいって予備日を最低でも1日はとっておくことが必要だろう。

②パーティの力量に合った計画を立てる

力量に合った計画を立てる際に重要な指標は、1日にどのくらいの標高差を登って下るのかや、歩行時間である。栂池自然園は標高約1850メートル、白馬岳山頂は2932メートルだから、単純に考えても登りの標高差は約1100メートル。乗鞍岳や船越ノ頭、三国境にかけてはアップダウンが多少あるから、実際はこれ以上の標高差となる。

自分がその山を登るのに十分な体力があるかどうかは、自身の過去における経験が重要になる。同じぐらいの標高差を登行したときの疲労度がもっとも大きな判断材料だ。もちろん、体調によっても疲労度は異なってくるし、標高0メートルから1500メートルまで登るのと、標高1500メートルから3000メートルまで登るのとでは、同じ1500メートルの標高差でも気圧の違いから、疲労度は大分異なってくるので、そのあたりは考慮しなければならない。

また、積雪期の場合は、ラッセルやルート状況、気象条件によって歩行速度が大幅に変わってくるから、そのことも想定しなければならない。ラッセルに要する時間は過去の登山者の記録や、自身の経験が参考になる。できれば、その山域において雪の多い年と少ない年、例年並みの年と3つの記録を比較して想定したい。また、自身の過去の山行でラッセルが深いときに、標高差100メートルを登行するのにどのくらい時間がかかったのかなどを、当時の山行記録を読み直してチェックすることが大切だ。それらの情報や経験を踏まえたうえで、今年の積雪状況を確認し、およその行動時間を決定する。無理なく、明るいうちに（夏期や大気が不安定な日は、午後からの落雷や天候急変のリスクを下げるために、13時ごろまでに）目的地に到着するように計画を設定する。単独ではなくパーティで行動する場合は、パーティでもっとも体力的に劣る人を基準に考えることも大事だ。

次に歩行スピードであるが、パーティが1時間にどのくらいの標高差を登れるか、下りは標準コースタイムと比べてどうか、積雪期の場合はメンバーにラッセルをこなす力があるかなどを登山経験から考えていく。今回のパーティの場合、登山者の年齢が63歳から78歳までの高齢であることや、このパーティが登山口の栂池自然園を出発してから船越ノ頭付近に至るまでに約7時間以上もかかっていることを考えると、パーティのスピードは通常の登山者よりかなり遅いことがわかる。

実際に、5月4日12時45分ごろ、6人とほぼ同じルートをたどり、船越ノ頭付近で追いついた単独行の登山者は、登山口を北九州市のパーティより3時間以上遅れて出発している。残雪期においては、登山口から船越ノ頭まで3～5時間が通常であるから、登山パーティが5月上旬にこのルートを登るのに十分な体力とスピードを備えていたのか疑問が残る。また、この登山者の手記に、パーティのなかにバテている人がいて空身で歩いていた、という記述があることからメンバーに体力差があったことも考えられる。このメンバーが体力、経験的にもっとも力がなければ、その人を基準にして登山計画を立てなければならない。

もちろん、登山であるから実力的にギリギリの場所に挑戦したいという気持ちはよくわかるし、そういう冒険心は個人的にすばらしいと思う。特に、最近はすっかり守りに入ってしまい、攻めの登山を行なっていない筆者には、うらやましくさえある。ただし、実力ギリギリの場所に挑戦する場合、何かひとつの想定外のできことが事故につながるケースが少なくない。たまたま運がよく、何も起きなければ、無事に登頂して下山でき、それが「自分にはこの時期の○○山に登る実力があったんだ」と過信してしまう。しかしながら、そのような幸運がいつまでも続くとは限らない。天候が急変したり、ケガ人が出たり、道に迷うなど、何かひとつ想定外のことが起きると、この事例のように痛ましい事故につながってしまうことがある。むしろ実力ギリギリの山に挑戦するときこそ、事前にリスクを想定することが重要になり、現場での早めの判断が必要になる。

登攀の場合には、想定外の出来事（墜落）に備えて確保者と登攀者の間でロープを結びあうが、これは墜落のリスクに備えるためである。しかしながら、登攀者が落ちたときに、確保者を確実に支えることができるアンカー（支点）がなければ、2人とも墜落するという最悪の惨事につながってしまう。したがって、確実なアンカーが得られなければ、より慎重な登攀が求められると同時に、限られた条件のなかで登攀者と確保者を守ることができる最良の方法を考える。また、下降が難しいルートであれば、ここから先に登ってしまうと下降が難しくなるというポイントで引き返すかどうかの判断をしなければならない。その際の判断基準は、パーティの実力や、今後のルート状況の予想、登攀と下降にかかる時間、天候の予想になる。

ロープを使わない登山の場合にはリスクの種類が異なるが、リスクを想定した判断が必要になる点は同じである。特に単独行の場合には、より慎重な状況想定が必要だ。「何かあったら終わり」「何かあったときの準備ができていない」という登山のあり方は間違っていると思う。自分の限界に挑戦することと、無謀登山は別である。

メンバーの実力を計るうえで有効なのは、同じメンバーでプレ山行（準備山行）を行なうことだ。このパーティが事前にどれだけの準備山行を行なっていたかはわからないが、もし行なっていなかったとすれば、メンバーがゴールデンウィークの白馬岳に登れるかどうかの実力を判断するためにも、山行前に同じメンバーで同じような時期に、より気象条件がよい山で、今回のルートと同じ程度の標高差を登るべきだったと思う。

北九州市の出身ということで、白馬岳のような積雪量の山は近くにないから、真冬にくじゅう連山などの縦走に挑戦したり、年末年始の比較的休暇がとりやすい時期に八ヶ岳や燕《つばくろ》岳など、気象条件がそれほど厳しくなく、稜線に営業している山小屋があるようなルートでメンバーの体力や登行スピードをチェックすべきだ。それでメンバーの実力が白馬岳に登るのに不十分ならば、違う山に変更すればよい。「貴重なゴールデンウィークの休暇だから、憧れの雪の白馬岳に」と自分たちの都合で行く山を決めてはならない。自然は私たちの都合に合わせてくれないからである。

③目的とする山の気象条件について20万分ノ1の地図から考える

次に、山域の選定についても考える。パーティがどの程度この山域の気象特徴や、地形上のリスクを想定していたかはわからないが、登山者が事前に確認すべきことを書かせてもらう。

第3章で述べたように、山は海側から風が吹くときに天気が崩れる傾向にあるから、目的の山と海との位置関係を地図から調べる。白馬岳は日本海に近い。海が北から西にかけて広がるため、この方角から風が吹くときに天気が崩れる傾向にあり、日本海との間に遮るもの（白馬岳より高い山）がないため風も強まりやすい。つまり低気圧が通過したあと、日本海からの季節風が強まるとほかの山域より天候の荒れ方が大きくなる。また、白馬岳周辺は北アルプスのなかでも森林限界が低く、今回のルートの場合、標高２２００メートル付近であることが確認でき（地形図からの確認方法は後述）、さらに白馬乗鞍岳周辺から先はほとんど尾根上を歩くルートになっている。

森林限界より上部の尾根上は、天候が荒れたときに風雨や風雪にさらされ続ける場所である。つまり、低体温症のリスクが高まる。特に、小蓮華山周辺では三国境〜雪倉岳の主稜線より標高が高く、西風や北風の影響を強く受けることが想定できる。この間、山小屋や避難小屋、エスケープルートはなく、引き返す場合には往路を戻るしかない。また、このようなルートは落雷から身を守ることができる場所も少ない。つまり、技術的には難しくないが、気象条件においては厳しい山なのである。残念ながらガイドブックや旅行会社のパンフレットには体力的、技術的難易度は書かれていても、気象条件の厳しさについての記載はない。これは自分で判断するしかないのである。

④ルート上のリスクを2万5000分ノ1地形図や登山ルート図、他パーティの記録などから想定

地形図から登山ルート上で想定され得るリスクについて考えていこう。地形図からリスクの高い場所をチェックするポイントは図5－1（84ページ）を参考にしてほしい。地形図から判断できない場合には、登山ガイドブックや、過去の記録や報告なども参考にする。また、同時に想定されるリスクへの対応も考えなければならない。

もちろん、これらはあくまでも地形図や、過去の記録などからの情報であり、実際には違っている可能性がある。したがって「こうなっているはずだ」と決めつけることはせず、「こういう可能性が高いが、違う場合もありうる」というぐらいに思っておこう。それでは早速、今回のルートについて、積雪期のリスクを地形図から見つけていこう。

●栂池自然園～白馬乗鞍岳

積雪期は登山道が雪に埋まっているので、雪崩や雪庇、滑落などさまざまなリスクを想定し、それらのリスクがもっとも少ないルートを選択しなければならないが、大型連休などトレースが期待できる時期には、トレースがあるルートのほうが時間と体力を節約できる。したがって、雪庇崩壊や雪崩などのリスク、あるいはそのルートを使うことによるデメリットが大きくなければ、トレースをたどるのが合理的だ。もちろんトレースを鵜呑みにしてはならない。トレースが雪庇の上を

通っている場合もあるし、先行者がルートを見失って誤った方向に行っている可能性もあるからだ。いずれにしても無雪期は登山道があるのに対し、積雪期は自分でルートを決定しなければならない。残雪期の栂池から白馬乗鞍岳への登行は、スキーを使わない場合、無雪期の登山道にほぼ沿う形で進むのが雪崩などのリスクが少ない。そこで、無雪期の登山道とほぼ同じルートを想定していく。

天狗原《てんぐっぱら》までは地形図を見ると樹林帯になっていて、傾斜もそれほどきつくないから問題となるところはないように思われる。一方、天狗原〜白馬乗鞍岳間は沢状の地形で、等高線の間隔が狭く、傾斜がやや急であることがわかる。このような地形では、雪崩や滑落に対して十分な注意が必要だ。

雪崩に関しては、積雪や気象、地形に関する知識や経験が必要になるので、自信のない登山者は降雪中や降雪後に、傾斜が30度以上ある斜面に立ち入ることはやめよう。また、滑落すると止まらない恐れのある場所ではロープを出すようにしたい。滑落の危険があるかどうかは、登山者の歩行技術によって大きく違うから、ロープを出すかどうかの判断は人によって異なる。ただ、今回のパーティのように、ロープを持参していなければ、滑落する恐れがある場所が出てきたところで引き返さざるを得ない。

天狗原付近では荒地のマークがあるから、風の影響が出てくることが想定される。ここで風が強いようであれば、この先の登行は厳しいと思ったほうがよい。そして、天狗原と白馬乗鞍岳の間で広葉樹林帯から荒地やハイマツ地に地形図記号が変わっているので、ここが森林限界であると思われる。もちろん、地形図の情報は誤っていることもあるので、現場で再度確認することが必要だ。

ここが森林限界だとすれば、第1の引き返しポイントになる。

引き返しポイントとは荒天時に引き返す判断をすべき場所で、そこから先に進んでしまうと、引き返すことが困難になる場所のことだ。低体温症による気象遭難はほとんどすべて、引き返しポイントで引き返さず、登山を続行することで起きている。引き返しポイントを事前に設定して、そこに到達したときに現場の気象状況や事前に入手した今後の予想、パーティの疲労度、スピード、この先のルート状況やエスケープルートの有無、目的地やエスケープできる場所までの距離や時間などを総合的に判断して決める。

予想天気図で等圧線の間隔が狭くなっていくことが予想されていて、森林限界より上部で行動する時間が長くなることが想定される場合は、引き返しポイントで撤退することが重要だ。天候悪化時の引き返しポイントは以下のとおりである。

- 森林限界を超える場所
- 尾根に出る場所
- 主稜線に出る場所

このような引き返しポイントに近づいてきたら、上空の風の様子を観察する。ゴォーっという音がしたり、木が大きく揺れていたりするときは、森林限界を超えると風が急激に強まる恐れが高い。前進すると決めたときは、森林限界を超える前にザックのなかにあるダウンジャケットなどの防寒具を着込んだり、目出帽やフードをかぶり、雨具などのアウター（注5）のジッパーを完全に締めるなど防寒、防風対策を万全にしよう。森林限界を超えた場所で、吹雪や風雨のなかで着替えると、雨や雪で体やウェアが濡れ、風にさらされるため、それだけで体温を低下させるうえ、ザックを開けて物を取り出すとき、大切な物が飛ばされる可能性もある。したがって、風が強まる前に必ず、衣服を調整しなければならない。実際、長野県警によると、今回遭難したパーティには後日、回収したザックのなかにダウンジャケットなどの防寒着が入ったままだった人もいたようである。

さて、今回のケースでは、この時点（森林限界）では天気はまだ悪化しておらず、先に進むという判断は誤りではないだろう。次に想定されるリスクは、白馬乗鞍岳山頂付近である。このあたりは等高線の間隔が広く、平坦な場所であることから濃霧時にはルートを見失いやすい。たとえトレースが明瞭であっても、降雪や風で1時間も経てば消えてしまうことがある。積雪期は同ルートを下降する可能性も考慮に入れて山頂の台地からの下山口などに赤旗（注6）を設置する。

●白馬乗鞍岳〜小蓮華山

白馬乗鞍岳付近は風の吹きさらしになるため、積雪が少なく、ゴールデンウィークには岩が雪に覆われていないことが多い。その場合は、岩につけられている登山道を示すペンキマークを目印に進む。積雪期は白馬大池を経由するよりも、そのまま船越ノ頭手前の2590メートルピークとの鞍部に下り、2590メートルピークに出るほうが時間的に早い。彼らはここまで当初の予定より大幅に行程が遅れていたから、白馬大池を経由しない道を選ぶほうがよかった(このあたりはライチョウの営巣地なので、むやみに立ち入らないこと)。実際、船越ノ頭を過ぎたところでこのパーティを追い越した単独行の登山者はその経路を使ったようだ。ただし、地形図上で雨裂(ガリー)の記号が多いことから、積雪期は地形の凹凸が積雪によって隠されている可能性があり、地形を見極めながら雪の踏み抜きや雪崩などのリスクを考えて登ることが必要になる。白馬大池付近は残雪期は雪に埋まっているが、地形図を見ると池周辺は窪地で、風の影響が小さいので強風時の一時的な避難地点となりうるし、周囲より低い場所なので、急な雷雨に見舞われたときなどにも避難できる。

白馬大池からは雷鳥坂の登りとなり、傾斜は緩いが、すぐに尾根に出る。**ここが第2の引き返しポイント**だ。ただし、ここに到達しても西側にある主脈の稜線より標高が低いので、それほど風が強まらないこともある。したがって、より重要な引き返しポイントは主稜線より標高が高い船越ノ頭で、**第3の引き返しポイント**だ。主稜線より標高が高いということは、主稜線に出る場所にも該当する。つまり、二重の意味で重要な引き返しポイントとなる。ここから先は吹きさらしの尾根なので、荒天時はここで前進するか退却するかの判断をしないと致命的な結果になる。

遭難した6人パーティは残念ながらここで前進してしまった。このパーティとすれ違った登山者や、同じ山域にいた別の登山者の話によれば、すでにこのとき天候は悪化していた。羽根田治氏の「2012年ゴールデンウィークの遭難事故を検証する」(注7)によれば、前述の単独行の登山者は、白馬山荘のスタッフに「船越ノ頭で稜線に出たとたん、みぞれ混じりの強烈な向かい風に見舞われた」と言っていたそうだ。

また、このパーティは、船越ノ頭に12時までに到達するべきだと先ほど述べたが、彼らはその時間を過ぎて船越ノ頭に到達している。単独行の登山者が小蓮華山に着いたのは午後1時ごろで、振り返ってみると下のほうに6人パーティが見えたという。また、新聞報道によれば、三国境で荒天のため、引き返した10人パーティが13時30分ごろ、小蓮華山から白馬大池方面に10分ほど下ったところで6人とすれ違っている。つまり、小蓮華山に13時30分までに到着しなければ撤退すべきという時間にも遅れている。しかも、彼らによれば「全員が疲れた様子で別の人のザックを担いでいる人もいた」(「毎日新聞」2012年5月9日付)。「1人が疲れた様子で、その人のザックを別の人が担いでいた」(「毎日新聞」6日付)という。ここでの判断ミスが結果として、最悪の結末につながってしまう。

また、新聞報道によると6人とすれ違った10人パーティのなかのひとりがすれ違う際に「先生、どうしましょうか」という話し声を聞いている。状況から推測するに、6人中の少なくとも1人は、このまま前進することに不安を感じていたと思われる。そこで重要になるのがパーティリーダーの判断である。繰り返しになるが、**リーダーは現場の気象状況や事前に入手した今後の天候の予想、パーティの疲労度、スピード、この先のエスケープルートの有無やルート状況の予想、目的地やエスケープできる場所までの距離や時間などを総合的に判断して、前進するのか退却するのか、それともここでビバークをするのかを決断する。**

遭難者が発見された場所はもっと先なので、彼らはこのまま前進することを決断したものと思われる。引き返すかどうかの判断は、この時点では遅すぎるが、仮にここでビバークを決定し、まだ体力に若干の余裕があるうちに、雪洞を掘ったり、持参していたツエルトを張るなどの行動をとっていたら何人かの命は助かったかもしれない。そういう決断ができなかったことは残念でならない。

さらに、引き返しポイントの手前である白馬大池、あるいは雷鳥坂の途中までに防寒、防風対策を万全にしなければならなかったのだが、遭難者のザックからダウンジャケットなどの防寒具が発見されたことから、それをしていなかったことがわかる。パーティのなかにはすべての防寒具を着込んでいた人もいたようだが、リーダーは強風地帯に出る前に全員の着衣をチェックし、不十分だと思われる人がいるときはそこで、十分な防寒対策をとらせなければならない。

そして、もうひとつ気をつけるべきなのが、尾根の向きと風の関係である。船越ノ頭から三国境まではどちらかといえば尾根が東西に延びていて、北風や南風が強まりやすい（注８）。天気図上で等圧線の向きを確認し、北風や南風が吹くことが予想されるときは、特に強風に注意したい。また、強風時にはここであらためて防風、防寒対策を万全にしなくてはならない。

船越ノ頭から先は、もうひとつ地形図から読み取れるリスクがある。ここから小蓮華山を過ぎたあたりまではところどころ、南面に岩壁マークが見られ、北側が緩傾斜で南側が急峻になった非対称山稜（注９）であることがわかる。非対称山稜は雪庇が発達しやすいことから、視界不良時はその踏み抜きや岩壁側への転滑落に注意が必要であるし、強風時にも同様の注意が必要だ。視界が悪いときは、雪庇の踏み抜きに備えてロープを結び合い、稜線のなるべく北側を通るようにしたい。

●小蓮華山〜白馬岳頂上宿舎

引き続き、吹きさらしの尾根上を無雪期の登山道が延びており、残雪期も尾根上、あるいは雪庇を避けてやや北側の斜面を通過することになる。つまり、北風や北西風が想定されるとき、強風に晒される厳しい歩行が続く。また、西寄りの強風の場合も風に向かって歩かねばならないため、厳しい歩行を強いられる。結果として6人パーティは小蓮華山〜三国境の間で命を落とした。一度も引き返すことなく、前進を続けた結果、亡くなってしまったことが残念だ。天候悪化が想定されており、予想より大幅に時間がかかっている今回のケースでは、船越ノ頭、あるいは白馬乗鞍岳から引き返すことが正しい判断である。ここから先は遭難したパーティは前進することはできなかったので、前進できる天候だと仮定してシミュレーションを続ける。

三国境付近は、地形図をよく見ると地形が凹状の二重山稜（注10）となっている。また、三国境と小蓮華山間の鞍部から少し小蓮華山に寄ったところにも二重山稜がある。稜線で等高線の間隔が広がっていたり、稜線を示すふたつの等高線の間に、稜線より高度の低い破線や実線が描かれているときは、稜線上に窪地がある可能性があるので必ず事前にチェックしておこう。

こうした場所は落雷のリスクが高いときの避難場所ともなり、強風時には多少、風もしのげる。もし、遭難したパーティがここに避難をしてツエルトを張れば、ある程度は風を防げたかもしれないが、猛吹雪で視界が悪いなか、すでに体力的にも限界に達し、そうした余裕もなかったのだろう（長野県警によると、遭難パーティはツエルトを使用しようとした形跡がある）。あるいは、遭難現場の状況から6人が固まって亡くなっていることや、衣服が着氷していたことから、凍雨によって急激に低体温の症状が進行し、そこまでの時間的な猶予がなかったことも考えられる。二重山稜は避難場所のない稜線で唯一、強風や落雷のリスクを少なくできる場所であるから、登山前に地形図やガイドブックなどから読み取っておきたい。ただし、過大な期待は禁物である。積雪期は窪地に雪がたまりやすく、積雪で窪地が埋まって風を避けられないかもしれず、雷も窪地にいれば必ず落ちないという保証はない。ほかの場所よりリスクを下げられるということだ。また、二重山稜は地形が複雑なので、視界不良時の道迷いには注意が必要である。現在地の確認を頻繁に行ない、赤旗を設置するなどして道迷いを防ぎたい。

その先、三国境で主稜線に出る。これまで西に向かっていたルートが、ここからは主稜線上を南に向かうので、現在地を確認し、そこから先の進行方向をコンパスと地図でしっかりと確認する。ここからは登りに入るので、斜面を下っていく場合はすぐに引き返そう。三国境から山頂にかけても非対称山稜が続き、山稜の向きが南北に変わることから、今度は西風のときにも風が強まることを想定する。また、高い山岳では西寄りの風が吹くことが多いので、より大きな雪庇が発達する可能性があることを頭に入れておこう。

山頂から10分ほど下ったところで、ようやくたどり着くのがゴールデンウィークから営業を開始する山小屋、白馬山荘である。白馬大池から白馬山荘まで夏期の標準コースタイムでも約４時間かかる。その間、風雪を避けられる場所はほとんどない。山頂から白馬山荘付近は等高線の間隔が広がっており、視界不良時に注意が必要な場所である。これはゴールデンウィークなどの積雪期に限ったことでなく、夏場や秋の連休においても風雨や風雪が激しい状況下では同じように、低体温症や道迷いのリスクがある。

●白馬岳頂上宿舎〜猿倉

白馬山荘から稜線上を少し下った白馬岳頂上宿舎のあたりも地形が凹状になっていて、等高線の間隔も広がっている。視界不良時に注意が必要な場所だ。ここでも現在地の確認を必ず行ないたい。ただし、視界が悪いときや雨や雪が降っているときは、大雪渓の下りはリスクが大きいのですすめられない。それは、降雨時やその直後は落石が起きやすく、雪渓上では落石が発生しても音もなく石が転がっていくので、直前まで落石の存在を知ることができないことからだ。

また、雪渓が広いところではルートを見失うこともあり、雪渓が割れていたり、ベルクシュルント（注11）に気づかずに転落するリスクがある。特に、登りでは違う雪渓に迷い込んでしまうリスクもある。さらに、雨が強いときは、土砂崩落や土石流、鉄砲水、落石のリスクが大きくなり、雪が強いときは雪崩のリスクも高くなる。ただし、風が強く、視界が良好で雨や雪が降っていないときは、栂池から白馬大池や、祖母谷温泉から清水岳を経由するルートよりリスクが少なく、大雪渓を使うほうがよい。

さて、進むべきルートを確認したら、大雪渓に向かって下る。ここからは沢状の地形となり、残雪期であれば、大雪渓まで雪の斜面となる。等高線の間隔からも、沢の両側からの雪崩に注意が必要なことが想定される。また、その下は等高線の間隔が狭まり、かなり急な斜面となっている。ここは雪崩が発生する可能性がある斜面を長く歩かなければならず、より慎重に積雪の判断を行なわなければならない。

また、転滑落のリスクも考えられる。さらに、杓子岳北面に岩壁マークがあることから、杓子岳側からの落石に警戒が必要な場所だ。特に夏場は、積雪や凍結によって岩が固められていないことから、その危険性が増すので、ヘルメットを着用したい。

そしてこのあたりから下部は左右両側に沢状の地形が見られるため、両側からの雪崩の発生や落石、夏季の大雨後には土石流や土砂崩落の危険性もある。大雪渓そのものの斜度もきつく、雪崩や落石のリスクが高い場所だ。実際、ゴールデンウィークには過去に何度も大きな雪崩が発生し、多くの命が失われている。また、夏季においても落石や土砂崩落などによる事故が起きている。

繰り返しになるが、大雪渓を気象状況や積雪状況を考えずに安易に下れると考えるのは間違いだ。まとまった降雪の最中やその後、降雨時、天候の急変が予想されるときにはルートの変更や、白馬山荘（あるいは夏季なら頂上宿舎）にもう１泊することを考えよう。風の強まりがさほどでもなく、視界が悪くなければ往路を栂池へと戻るのがよい。ただし、風雪がともに強いときは、どちらのルートでも危険である。夏季には東風が強いとき、清水岳から祖母谷《ばばだに》温泉へと下ることも考えられるが、長いルートなので十分な体力が必要であるし、積雪期には下山後のアプローチに難がある。

以上、地形図から読み取ることのできる登山中のリスクを想定した行動をシミュレーションしてみた。地形図からだけでも気象や、そのほかのリスクについてある程度想定できることがおわかりいただけたであろうか。それらのリスクを避けるために、どのような対策をとっていくのかを考えることの重要性を知ってもらえたのであればうれしいかぎりである。

仮に、想定されるリスクに対して対策をとることが難しい場合には、計画を変更することが望ましい。たとえば、自分たちの技術では滑落の危険のある箇所は、ロープを使って墜落や滑落に備える必要があるが、ロープを使う技術がない場合には、そのようなルートに挑むべきではない。また、今回のシミュレーションではこれらのリスクを避けたり、減らすための方策も一部書いたが、想定したことと実際とは異なる場合があり、その際には現場での判断が必要になる。もし、現場で事前の予想よりリスクが大きいことがわかったり、想定できなかったリスクが発生したときに、それに対処する方法がない、またはリスクを避けることが難しいときは引き返すという決断を下す。

しかし、引き返すことでさらにリスクが高まる場合にはビバークをする。ただし、ツエルトはテントに比べて風に弱く、きちんと張らないと雨や雪も完全には防げない。積雪期には雪洞（注12）のほうが風や雪を避けられるが、積雪量と雪質などによって作れる場所が限られることや、完成するまでに時間がかかり、体力に余裕がないと厳しいだろう。だからこそ、限界まで行動するのではなく、体力と精神面で余裕があるうちに行動を停止して、早めにビバークの決断を下さなければならない。

⑤登山前に2万5000分の1地形図から、現在地を確認するポイントを決めておく

現在地を確認するポイントをあらかじめ決めておくことによって、ルートを見失うリスクを減らすことができる。現在地を確認するポイントは以下が挙げられる。図５－１で確認してほしい。

・登山道が曲がるところ　③④⑤⑥⑦⑧⑨⑭⑯⑰⑲㉖㉘㉙㉜㉞㊱㊴㊸㊾(53)(56)(57)(59)(60)(62)、
・登山道がふたつに分かれるところ　②⑫㉑㊵㊻㊼㊽㊾
・山頂やピーク　⑰㉗㉙㉞㉟㊸
・傾斜が急に変わるところ　⑧⑩⑬⑮⑱㉒㉕㉛㉜㊶㊷㊿(51)(54)(58)(63)
・橋を渡ったり、沢を横切るところ　(61)
・人工物があるところ（送電線、山小屋、避難小屋など）　⑰⑳㊺㊾(58)(63)

・尾根に出るところや沢、鞍部、峠、滝の存在など地形の形状がわかりやすい場所　④⑪⑮⑲
・尾根や沢が分かれるところや屈曲するところ　㉖㉜㉞㊸㊺㊻㊼
・植生が急に変わるところ　⑬〜⑭㊾
・認識しやすい山が見える場所
・窪地、二重山稜、非対称山稜、ガラ場、崩壊地、崖など地形的な特徴のある場所　㉖㉗㉘㉙㉚㉜㉝㊲㊳㊷〜㊹㊾〜㊿

⑥ルート中の気象リスクを2万5000分ノ1の地形図から想定し、引き返しポイントを決める

樹林帯のなかでは風を感じることが少ない。それは、木が風の進路を妨げ、風が吹き抜けることを困難にするからである。ところが、樹高が人間の背丈より低くなってくると、途端に風が強くなる。このような場所が森林限界で、環境や土壌などにより、樹木が生育することが困難になる場所にあたる。森林限界を超えると、急に風が強くなることがあるのは、森林の摩擦によって弱められていた風が、摩擦が減じることにより強まるからである。ただし、風下側の斜面を登っているときは、森林限界を超えても風が強まらず、尾根上に出た途端に吹かれることがある。また、尾根上に出ても風がそれほど吹かないのに、主稜線に出た途端に、強烈な風に吹かれることがある。

白馬岳の話からは離れるが、冬季に合戦尾根から燕山荘へ向かうと、まさにこうした状況を体験することが多い。夏季の登山口である中房温泉を通り、合戦尾根上に出ても樹林帯のため、たいてい風は弱い。合戦小屋は、夏場は大休止するのに絶好のポイントだが、冬季は風が吹き抜ける場所にあるので、長居すると体が冷える。できれば、小屋から少し下ったところか、少し登った斜面の途中（雪崩の危険が少ないとき）で休んだほうが風を防げる。

合戦小屋から少し登った合戦沢ノ頭付近が森林限界だ。ここからは明瞭な尾根上となるため、日本海を低気圧が通過するときや台風が西側を通過するときは強風が吹き荒れるが、それ以外は荒れることは少ない。ところが、主稜線に建つ燕山荘にたどり着き、風上側となる小屋の西側に回り込むと、強烈な季節風に迎えられる。そのため、荒天時や荒天が予想されるときには、前述した3カ所(合戦小屋、合戦沢ノ頭、燕山荘)で引き返すかどうかの判断をすることが大切である(図5－2)。

また、人気の高い、涸沢から奥穂高岳では、涸沢付近はカール地形（注13）で周囲を穂高連峰に囲まれているので風の影響を受けにくいが、その先は滑落のリスクが多い急傾斜の登山道となるため、涸沢が重要な引き返しポイントとなる。そして、主稜線に出たところにある穂高岳山荘が最終的な引き返しポイント。ここから悪天のなかを縦走すると低体温症や転滑落のリスクが大きくなるので、山荘での天候判断が非常に重要になる。同じように、超人気コースである槍沢から槍ヶ岳の場合にも森林限界付近のババ平、風が強まるポイントの殺生《せっしょう》小屋、主稜線に立つ槍ヶ岳山荘が引き返しポイントとなる（図5－3参照）。

さて、白馬岳に話を戻そう。引き返しポイントで「先に進む」と判断するときは、次の引き返しポイントで天候判断を行なうことになるが、その前に次のポイントに、何時までに到達しなければ引き返すかのタイムリミットを決める。ひとつ目の引き返しポイントでは、事前に決めたふたつ目のポイント、ふたつ目のポイントでは3つ目のポイントという具合に。最後のポイントでの判断は非常に重要になる。そこから先へ進んでしまえば、荒天時の退却が非常に困難になるからだ。また、登山ルートによっては最後のポイントより最初や2番目のポイントのほうが重要になることもある。小蓮華山遭難のケースもそうで、4つ目のポイントとなる船越ノ頭がもっとも重要な引き返しポイント（図5－1参照）となる。

⑦「マイ天気予報」をつくる

これまでに述べてきたように、山麓や平地の天気予報を見るだけでは気象遭難を防ぐことはできない。天気図を見ることで、低体温症の原因となる風雪や風雨が強まる気象状況を予想することができる。出発前に天気図から「マイ天気予報」をつくってみよう。

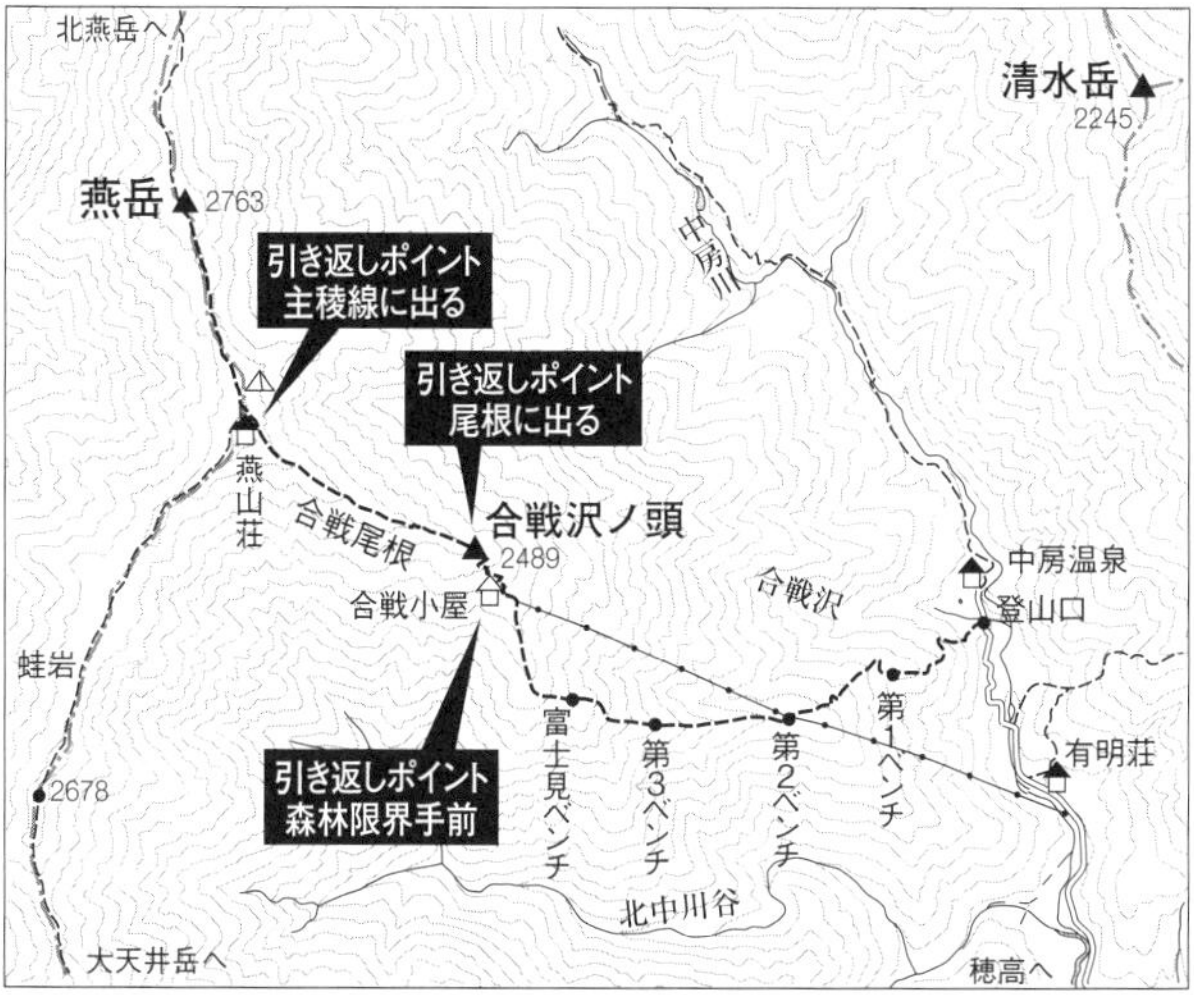

図5－2　中房温泉から燕岳に登頂する際の引き返しポイント

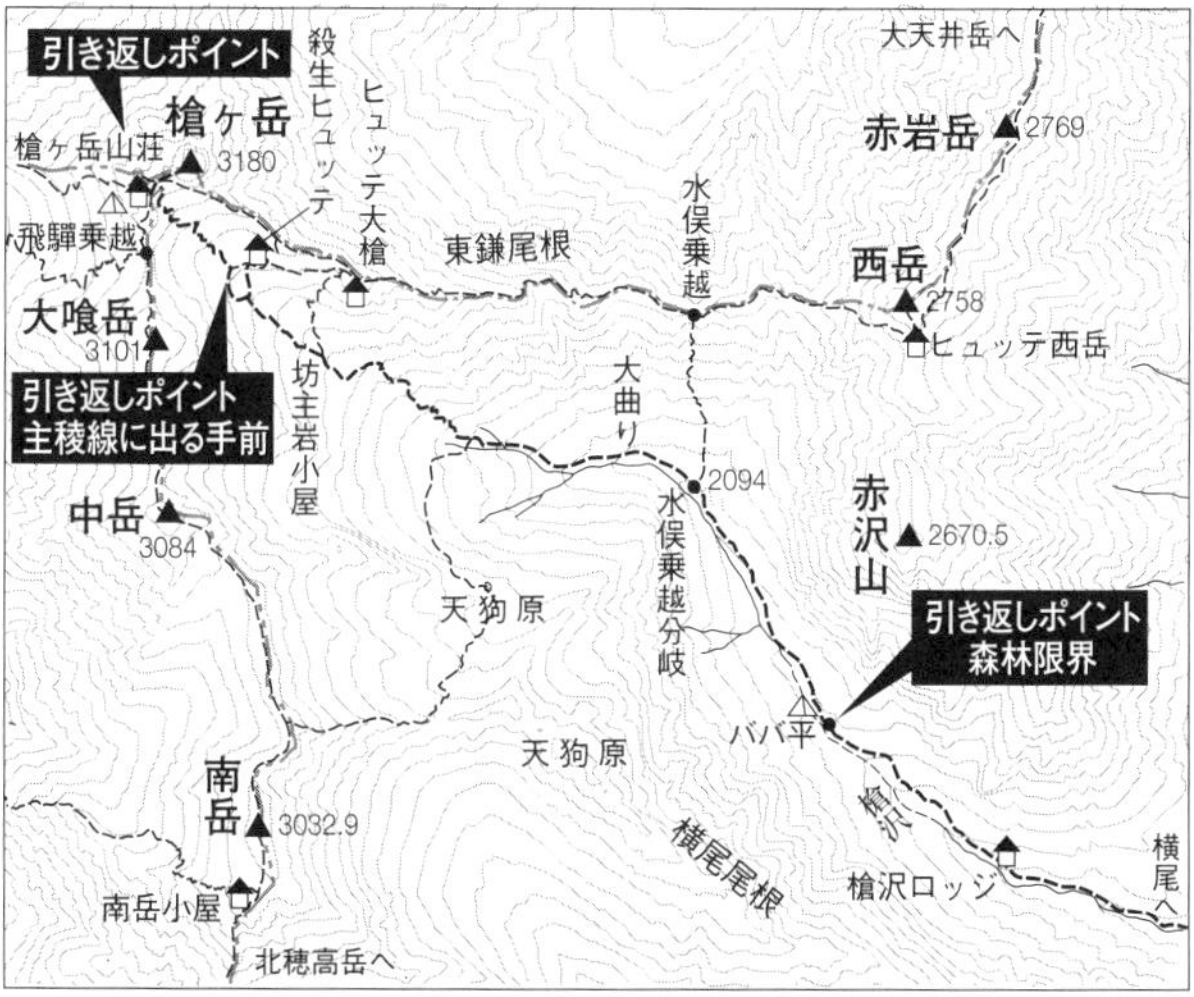

図5－3　槍沢から槍ヶ岳に登頂する際の引き返しポイント

図5－4は、第3章でも説明した2012年5月3日9時の速報天気図である。速報天気図とは、最新の天気図のことで、9時の天気図は約2時間30分後の11時30分ごろに気象庁のホームページにアップされる。そして、夜中の24時を除いては3時間ごとに更新される。天気図は気象庁だけでなく、民間の気象会社が運営する天気サイトでも見られる。登山前にいつでも見られるように「お気に入り」や「ブックマーク」に登録しておくといいだろう。

さらに、翌日の天気図についても同じページで見られるものが多い。気象庁のホームページでは最新の天気図を開くと、天気図の上に表示時間という欄がある。この「>」マークをクリックすると、翌日、翌々日の予想天気図を見ることができる。ただし、見る時間が早いと当日21時と翌日21時の予想天気図の表示になってしまうので、翌日9時と明後日9時の予想天気図が見たければ、17時以降に確認する。

さて、5月4日に事故を起こしたパーティと同じように栂池自然園から白馬岳に登山するとして、前日の夕方に天気図を確認したとする。そのときの速報天気図が5－4だ。

これを見ると、日本列島を挟むように日本海と太平洋岸に低気圧があって、それぞれ北東や東北東へ進んでいる。したがって、全国的に天気が悪いことが予想されるが、この日に遭難事故は起きていない。低気圧が接近、通過するときは平地でも天気が崩れ、天気予報も悪くなっているから、登山を中止する人も多く、登山者そのものが少なくなることに加え、誰でも悪天を予想できるから、慎重な行動をとり、悪天に備えた準備をするためである。低気圧が通過したあとに気象遭難が発生することが多いことは第3章で述べたとおりだ。今回もそのケースにあたる。

今回は、事故当日の午前中に天候が回復したことも登山パーティの気象判断を誤らせた大きな要因となる。このような一時的好天を疑似好天《ぎじこうてん》と呼び、昔から登山者に恐れられている天候だ。この疑似好天を読み解くカギは等圧線の間隔である。

話を5月3日の天気図に戻そう。低気圧の中心近くでは等圧線の間隔が開いていて地上付近では

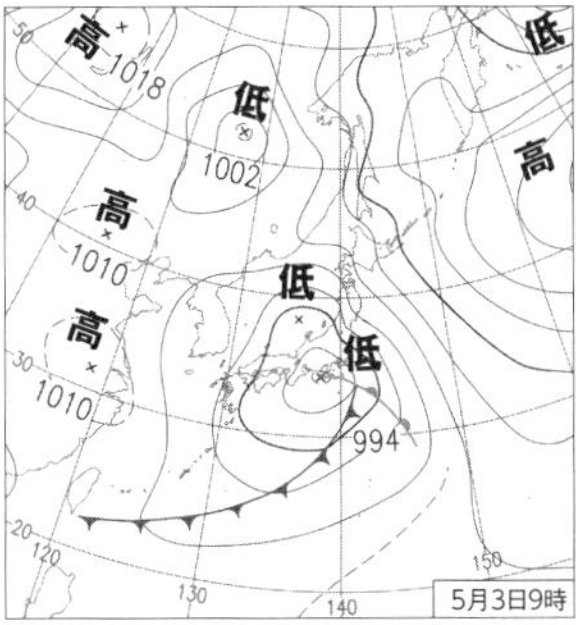

図5－4　2012年5月3日9時。全国的に天気が悪かった

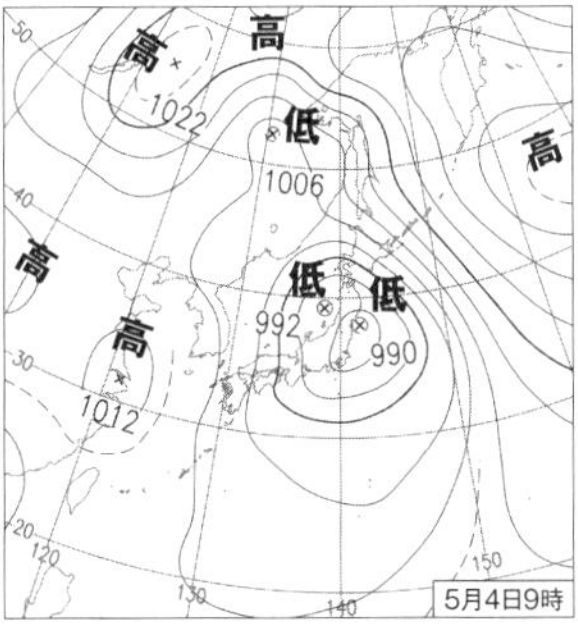

図5－5　2012年5月4日9時。白馬岳で一時的な好天となった

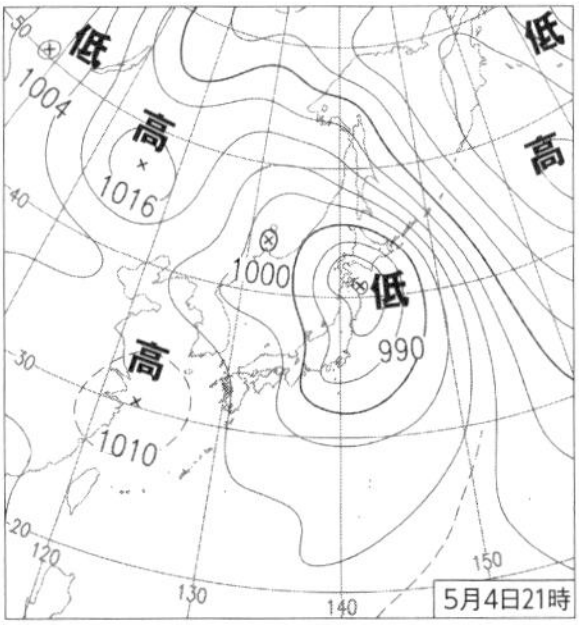

図5－6　2012年5月4日21時。等圧線の間隔が狭まっている

風が弱くなっている。一方、低気圧前面の東北地方では等圧線が込み合って、等圧線の向きから南東や南風が非常に強まっていることがわかる。後面の中国地方でも等圧線がやや込み合っていて、低気圧が東へ抜けたあと、中国地方の等圧線が込んでいる部分が東へ移ってくることが予想できる。

5月4日9時の天気図（図5－5）を見ると、この込み合っている部分はまだ中国地方付近にあり、大山など西日本の山岳では風が強まっている。この時点では等圧線は白馬岳付近でそれほど込み合っておらず、風下の栂池側では一時的に青空が広がったわけだ。一方、同21時の天気図（図5－6）を見ると、白馬岳周辺で等圧線が込み合っている。等圧線の向きから風は北寄りで、日本海からの風となる。等圧線は南北に走っており、前章で説明した「低気圧が通過したあとに等圧線が縦じま模様で込み合う＝日本海側の山岳で大荒れ」に該当する。そのため、この時間帯は日本海に近い白馬岳では猛吹雪となっていた。

つまり、この日の午前中の一時的な好天は、低気圧が抜けて、低気圧に伴う雨雲が東へ去り、低気圧の後面（西側）のやや乾いた空気が入ったこと、等圧線の間隔が広い部分に入ったため、風が弱まり、空気が山の斜面に沿って上昇することで発生する雲の発生が抑えられたことなどによるものと思われる。

これらの天気図（図5－4、5－5）は実況天気図であるが、5月3日発表の4日の予想天気図でもほぼ同じように予想されていた。したがって、前日夜の時点で4日は日中、次第に等圧線が込み合い、荒れた天気になることが想定できたわけだ。等圧線が込んでいる部分がまだ西側にあり、等圧線の向きから北西風が吹くことが予想される以上、日本海からの湿った北西風が吹きつけてくる白馬岳や立山連峰など、風上側の山岳でそのまま天気が回復することはあり得ない。等圧線が込んでいる部分が抜けて、その西側にある高気圧周辺の等圧線の間隔が広い部分に入ってはじめてこれらの山の天気が回復するのだ。

このように、予想天気図を見ていれば、天候の悪化は容易に予想できた事例であった。そうはいっても、出発時に天候がよければ、出発したくなるのは当然である。山では悪天予想が外れて好天になることもしばしばあることだ。出発すること自体が誤りと言っているのではなく、悪天になることを想定したうえで、どこまでであったら行動できるか、何時までにどこまでたどり着けなかったら引き返すのかという引き返しポイントやタイムリミットを設定することが重要なのである。

気象庁のホームページに掲載されている予想天気図は4日9時の次が5日の9時というように24時間ごとにしか表示されていないので、天候が変化するタイミングは判断することが難しい。

北海道放送の専門天気図の予想図では12時間ごとなのでいくらか細かくなるが、それでも9時から21時の間のどこかで等圧線が込み合うのか、判断が難しいこともある。民間の気象会社が運営するサイトでは、主に有料サイトなどで3時間ごとに予想図が掲載されているものがあるので、より細かい予想を立てることができる。そこまで見なくても、この日は次第に天気が荒れていくことがわかるだけで十分だ。そのことが頭に入っていれば、風雪が強まった時点で引き返すという判断ができただろうから。このような事故を起こさないためにも、登山者は必ず、登山前日に天気図を確認して、「マイ天気予報」をつくる習慣をつけるようにしたい。

さて、ここからは13カ条の後半、登山中に行なうことを説明しよう。登山中に考えなければならない、もっとも重要なことは、ここから引き返すことができるかを常に考えること。想定していなかった気象状況や、ルート状況に陥ったときにはこの原則に立ち返ることが重要である。その判断が手遅れにならないためにも、周囲の状況を常にチェックし、天候悪化の兆候やルート状況の変化をいち早くキャッチすることが大切だ。

⑧出発時に雲を観察し、大気の状態や上空の風向き、風の強さを推測する

まずは登山口での天候チェックが必要である。その際に確認するポイントは以下のとおりである。

1　レンズ雲（写真5－1）や旗雲《はたぐも》（写真5－2）が出ていないか
2　雲の動きが速いかどうか

写真5－1　レンズ雲が出ているときは稜線で風が強いことが多い

写真5－2　旗雲も風が強いときに出る。レンズ雲同様、予想の修正が必要だ

3　雲が動いていく方向を調べる

4　山の上のほうに雲がかかっているかどうか

レンズ雲や旗雲は風が強いときに現われる雲である。これらの雲が見られるときは、等圧線の間隔が開いていても稜線では風が強いことが多いので、事前の予想を修正しなければならない。

また、雲は風によって流されていくので、風が強いときは雲の動きが速くなる。そのようなときにも事前の予想を修正しなければならない。また、雲の動いていく方向から風向きがわかる。登山口は山麓にあることが多く、地形の影響を受けるために風向きを調べるのには適さないので、上空の雲の流れから風向きを判断し、事前に予想した「マイ天気予報」と大きな違いがないかをチェックする。

最後に、山の上のほうに雲がかかっているかどうかをチェックする。登山口では晴れていても、稜線に出た途端に天候が急変する可能性があるからである。特に、登山口の反対側から風が吹いているときには、天候の変化が大きくなる可能性がある。時間とともに山にかかっている雲が消滅していくときは天候が回復することが多いが、雲が停滞しているときは、山の上では荒れた天気になることが多く、次第に増えていくときは天気が大きく崩れる可能性がある。

⑨登山中に観天望気やスマホによる最新の気象情報などで事前の予想を修正し、気象上のリスクを少しでも早く察知する

空が広く見える場所に到着したら、雲の動きや雲の量、形を確認し、変化がないか確認してみよう。雲が動いていく方向に変化がないかどうか、雲の流れが速くなっていないかどうか、雲が成長してきていないかどうかなど。見るべきポイントはたくさんあるが、夏場においては入道雲の発達に気を使いたい。また、風上側の方角に、帯状に連なる雲が広がっているときは特に注意しなければならない。人はこのように、「いつもと違った状態」や状況の変化を感じとる能力を生まれながらに持っている。「おかしいな。いつもと違うな」と感じたり、急に冷たい風が吹いてきたなどの空気の変化を感じとることが大切であるし、変化を感じとる自分の能力に自信を持ってもらいたい。観天望気といっても難しく考えることはなく、雲を10種類覚えるよりも、レンズ雲や積乱雲（発達した入道雲）など登山者にリスクをもたらす雲を覚えておけばよい。

また、稜線や開けた尾根上に出ると地形の影響が小さくなり、上空で吹いている風とほぼ同じ向きの風になる。そこで、事前に想定した風向きとの違いがないかどうか、風の強さが事前の予想と違っていないかなどを方位計などでチェックする。特に予想よりも強くなっているときや風向きが急に変化するときは、進退の判断を慎重に決めなければならない。これらは天候が急変する前兆と

なるからである。山域ごとに伝わる山のことわざも覚えておくとよいだろう。ことわざについては第10章コラムを参照していただきたい。

最近は山中でもスマホなど携帯電話の電波が通じるところが増えてきた。そこで、気象のリスクが高くなる場所や携帯電話が通じなくなる場所に入る前に、雨雲レーダーを確認しよう。発達した雨雲（雪雲）が近づいてくるときは強い雨が降る可能性が高く、また、時間20ミリ以上の降水を伴うときは落雷や沢の増水の恐れもある。自分がいる場所で降っていなくても上流部で激しい雨が降ると増水することがあるので、上流部の雨雲の状況にも注意したい。スマートフォンなどの携帯電話は山中では電波が通じる場所が限られており、キャリアによっても電波状況が大きく変わるので、各キャリアが提供している通話可能箇所の地図を事前に確認し、積乱雲が周囲で発達しているときや遠雷が聞こえるときなどは、電波が通じなくなる前に確認しておこう。

携帯型雷警報器を活用して雷のリスクを避ける方法も有効だが、突然、自分のいる場所で雷雲が発達したときにはアラームが表示される前に落雷の被害に遭う恐れがあるし、自分には直接関係のない雷も探知してしまうので、その長所と短所を理解したうえで使用することが大切である。

⑩森林限界、尾根に出る手前、稜線に出る手前で、その先に進むかどうかの判断を下す

引き返しポイントに到着したら、リーダーが森林限界や尾根、稜線まで偵察に出て判断することが望ましい。また、強風時に先に進む場合にはこの段階で防寒具などを着込んだり、手袋をつけたり、フードをかぶるなどして防風、防寒対策を万全に行なう。今回の登山コースの引き返しポイントは、天狗原〜白馬乗鞍岳間の森林限界、白馬乗鞍岳、白馬大池先の尾根上（2439メートル地点）、船越ノ頭、三国境になる（図5－1参照）。

残念ながら、過去における低体温症による遭難では、ザックのなかに防寒具を入れたまま亡くなっている人がいる。これは、ふたつの原因があると思われる。ひとつ目は、人間は疲労が激しくなると、正常な判断を下す能力が鈍ってきて、着替えたり、防寒具を着るのが面倒になるということ。もうひとつは、激しい風雨（雪）のなかでは、着替えることが困難であること。

防寒具を着ていれば、もしかしたら助かったかもしれない命。こうしたことを避けるためには、風雨（雪）が激しくなる前に、気象条件がさほど悪くない場所で着替えることが必要だ。

⑪⑤で決めた、地形的な特徴が明瞭な場所での現在地の確認

あなたがこれから白馬岳に登るとしよう。果たして現在地の確認をきちんとできるだろうか？

積雪期は登山道が雪に覆われているので、自分でルートを選択していかなければならない。また、

無雪期においても濃霧時など登山道を見失う危険性もある。ルートを見失うと体力を消耗して時間をロスするだけでなく、足元が不安定なところに入り込み、転滑落をしてケガをしたり、ときには命を落とすこともある。積雪期には雪崩のリスクもある。現在地確認は安全に登山を行なううえで必須の技術であるとともに、ゲーム感覚で行なえるので、登山の楽しみも増えるはずだ。ぜひ、マスターしよう。

まずは、事前に⑤で設定した①〜63のチェックポイントで確認すべき事項をおさえておこう。チェックポイントに到達したら、やるべきことはふたつ。まず、現在地を地形図で確認する。自分が通ってきたルートが正しいのかどうか。もしチェックポイントが見当たらなければ、ルートを見失っている可能性が高いので、ひとつ手前のポイントまで来た道を引き返そう。次に3、4つ先のポイントまで、登山道の状況や傾斜、地形の特徴を確認しよう。そうすればルートを見失ったときにも気づくはずだ。間違ったことに気づくのが早いほど、無駄な体力の消耗を少なくし、時間のロスも短縮できる。現在地や地形の特徴などの確認方法については、本書のテーマから外れるし、出版物も数多く出ているので省略する。本を読んでも理解できない人は、講習会への参加をおすすめする。

⑫④で想定した、地形上や気象上のリスクについて、現場での判断と対応

ここでは、④「ルート上のリスクを2万5000分ノ1地形図や登山ルート図、他パーティの記録などから想定」に、⑦の「マイ天気予報」を加えた判断について説明する。

まずは出発時の判断であるが、その時点では現場は霧に覆われていたので雲の観察はできなかったものと思われる。風も前述のように等圧線の間隔がやや広い部分に入ったことや、地形的に登山口では強まりにくいことから、出発を躊躇させるような気象状況ではなかったと推測される。次に、第1の引き返しポイントの森林限界付近は、このころになると当日の登山者の証言やライブカメラ、衛星画像などから、視界が開けて青空が広がってきた可能性が高い。天気がよくなり、風の強まりもないこと、また、次の引き返しポイントまでであれば、天候が悪化してきても引き返すことがそれほど困難でないことから、前進するという判断は誤っていない。ただし、白馬乗鞍岳の急傾斜に差しかかるときに、積雪判断は慎重に行ないたい。前進するとしても、この天気の回復が疑似好天であることを想定していたかどうかが重要になる。それを見極めるためには⑦で説明したように、事前の予想天気図で今後、等圧線の間隔が広がっていくのか狭まっていくのかや、白馬岳で荒天となる日本海からの風向になるのかどうかをチェックし、現場で白馬岳の主稜線や小蓮華山方面にかかっている雲が厚くなっていくのか、消えていくのかを観察することである。次の引き返しポイン

トまでに雲が分厚くなっていくようであれば、天候が悪化する兆候である。

次に、最大の引き返しポイントである船越ノ頭になるが、すでにこの時点では天気が崩れてきていた。また、風も急速に強まっていたことは前述のとおりである。したがって、この悪天が一時的で、天候がこの後回復する可能性が高いという状況でなければ、引き返す以外に選択肢がない。しかも、予定の行動時間から遅れている状態である。

さらに、事前に想定した「マイ天気予報」では、4日21時には等圧線がさらに込み合い、日本海からの強い風が吹く気圧配置になっており、天候がよくなるどころか夜にかけて悪化する一方である。つまり、今後の天候の予想、パーティのスピード、エスケープルートがないこと、山荘までにはまだ数時間かかること、吹きさらしの稜線が続くことなどから、前進する理由はひとつもない。

このように判断を下すことができれば、低体温症の事故は防げるのである。過去における気象遭難は、天候の悪化だけが原因ではない。それ以上に、天候が悪化しているにもかかわらず、引き返しポイントで判断を誤り、前進を続けていることが最悪の事態につながっている。

⑬ ⑧~⑫を繰り返しながら登山する

引き返しポイントでの判断が重要になることはいうまでもないが、それ以外の部分では漫然と歩いていいというわけでもない。夏場など午前中は快晴無風であったのに、午後は天候が急変し、雷を伴った非常に激しい雨が突風とともに降りはじめるということもある。事前の「マイ天気予報」では想定できないこともある。したがって、登山中には、空が開けているところや風を感じられる場所で観天望気を行ない、特に日本海側の山岳では時々日本海方面の雲行きをチェックしよう。これを実践させていけば、気象遭難のリスクは確実に減らせるはずだ。

注1　水の浸食作用でできた急で険しい岩壁の溝のこと。
注2　ここでは『山と高原地図』（昭文社）に掲載されているコースタイムを使用した。
注3　無雪期の登山道のこと。
注4　深い雪をかきわけて進むこと。体力を消耗し、雪がないときより進行速度が大幅に落ちる。
注5　アウターシェルまたは、アウターウェアの略。登山中に一番外側に着る服のことで、レインウェアやウィンドパーカーなど、雨や風などから身を守り、体温の低下を防ぐ。
注6　竹などの棒状のものに赤色や蛍光ピンク色の布をつけたもの。布をつける位置は雪に埋もれないように、積雪が予想される高さよりも上部につける。ホワイトアウトなどで道迷いをしないように、尾根が分岐するところや、山頂からの下り口、広い地形の場所に設置したり、後続のパーティのために、クレバスや雪庇の場所、あるいは雪洞の上などに設置する。

注7　http://www.sangakujiro.com/２０１２年ゴールデンウィークの遭難事故を検証する/

注8　風は尾根に直交する方向から吹くときにもっとも摩擦が少なくなるため、もっとも強くなる。天気図上の等圧線の向きから想定される風は、地形の影響を考慮していないが、実際に吹いている風と天気図上から想定される風が一致するときに、風はもっとも強く吹く傾向にある。

注9　片側の傾斜が緩く、片側が急傾斜の崖になった地形のこと。白馬岳周辺や谷川岳周辺が顕著。強風を伴った多量の積雪が風下側に体積し、雪による浸食作用によって風下側が鋭くえぐられることによって生じる。

注11　通常の稜線はひとつの山稜から成っているが、ふたつの稜線が並んで走っている場所のこと。ふたつの稜線の間は窪地になっており、落雷や強風からの避難場所になることがある。

注11　雪渓と岩の間にできた隙間。ラントクルフトと呼ぶこともある。ここに転落すると脱出できないことがあり、死亡事故も起きている。

注12　積雪期の山における野営方法のひとつ。積雪を横穴式、あるいは竪穴式に掘って、一時的な寝泊まりするための空間を作ったもの。風や雪を防げ、荒天時には有効なシェルターとなる。

注13　圏谷（けんこく）。氷河によって削り取られてお椀の底のような形になった谷。

第6章

増水による遭難を防ぐシミュレーション

近年増加する沢の事故

近年増えつつある気象遭難は、局地豪雨などによって急激に沢や川が増水し、徒渉中に流される事故である。地球温暖化の進行に伴い、全国で局地的な豪雨や落雷、突風の出現率が増加傾向にある。これは平地だけでなく、山岳においても同様だ。これらの気象現象は積乱雲と呼ばれる発達した入道雲によって発生する。積乱雲は水平規模が10キロ程度と非常に小さい現象なので（低気圧や高気圧の水平規模は数千キロ）、事前に予想することが難しい。そこで、重要なのが観天望気になる。ところが、現在の登山者はこれが苦手な人が多い。

現代人は高いビルに囲まれて暮らしているので、そもそも空を見ることができなかったり、地方に暮らしていても日常生活が忙しく、普段から空を見る機会が少ない。また、自然のわずかな変化をとらえる機会も少ない。子どもは川で遊ぶことが学校で禁じられ、自然の怖さを学ぶ機会を失っている。そのため、沢のなかがどのような地形になっているか想像できず、水流に対して抵抗を少なくする歩き方も知らない。流れの強さを過少評価する傾向もある。

そのように幼少時代に川や自然のなかで遊んだ経験がない大人たちが増えていった結果、徒渉する際に足をすくわれたり、河原で幕営して流されたりする人が増えてきた。自然の脅威を甘く見ている結果だ。

厳しいことを書いたが、自然は初心者だろうがベテランだろうが選んではくれない。年配の人は今から沢遊びをして、沢の危険性を体で覚えることは厳しいであろうから、知識として増水した沢の怖さを知っておく必要がある。

２０１４年の夏はお盆期間中、日本列島に前線が停滞し、各地で連日のように１時間に50ミリ以上の非常に激しい雨が降り、京都府や高知県などでは記録的な雨となった。北アルプスでも８月14日から17日にかけて、断続的に降雨となり、特に15日から17日にかけては、雷を伴って非常に激しく降ったところもある。増水時に徒渉するなどして遭難が相次ぎ、一時６人が行方不明になった。このうち、槍平から新穂高温泉への下山中、滝谷出合付近を徒渉して流された３人と、奥穂高岳付近の吊尾根から滑落したと思われる１人の、計４人が亡くなっている。一方、赤木沢で仲間とはぐれ、２人が行方不明になっていた事故は、翌日、富山県警のヘリコプターによって無事、救助された。

これらの事故のうち、ここでは無事救出された赤木沢の遭難事例について取り上げる。

沢の増水による遭難の事例

事例2……2014年8月15日　赤木沢（富山）

2014年8月15日に北アルプスの赤木岳（2622メートル）を源とする赤木沢で、沢登りをしていた男女3人のうち、2人が行方不明になったと、翌朝、仲間の男性が富山県警山岳警備隊に救助を要請した。

太郎平小屋や高天原山荘などを経営する五十嶋商事の社長・五十嶋博文さんや新聞報道によると、3人パーティは8月14日に薬師沢小屋に宿泊し、翌15日に黒部川・奥ノ廊下の一部を通って赤木沢を遡行し、赤木岳からは一般登山道を通って太郎平小屋に宿泊する予定であった。赤木沢に入り、大滝の手前で対岸に1人ずつ徒渉しようとしたが、先に徒渉した男性が流されてしまい、残りの男女2人は徒渉をあきらめた。流された1人はなんとか岸に上陸し、そのまま沢を高巻いて（注1）ヤブこぎを続け、稜線に抜けて太郎平小屋に到着したが、残りの2人が夕方になっても到着せず、連絡もとれないので男女2人が行方不明になったと、富山県警山岳警備隊に救助を要請。2人は女性が疲労していたことや増水した沢の遡行、高巻きの技術がなく、大滝下流200メートル付近の左岸樹林帯でビバークをした。2人は17日15時50分に富山県警察航空隊に救助された。

①登山前に想定すべきこと

沢登りの計画で重要なのは、その沢の特性やリスクを認識し、リスクに対処する方法を事前に考えておくことである。そこで、まずは赤木沢にはどのようなリスクが想定されるのかを考えよう。

赤木沢は赤木岳に端を発する黒部川の支流で、黒部川に合流するところはエメラルドグリーンの瀞《とろ》になっており、夏の暑い日には思わずはしゃぎたくなる美しさだ。下流部はロッキー山脈を思わせる針葉樹と花崗岩質の沢が織りなす明るい渓谷で、美しいナメの滝が続き、ヤブこぎがなくお花畑を登るフィナーレとなる。特に悪い滝やゴルジュもなく、初心者向けの沢として人気が高い。山岳雑誌などでも紹介されているが、そのリスクについて書かれた記事は少ない。しかし、初心者向けとはいってもあくまで沢登り。いくら技術的にやさしくても、水のなかを歩くリスクは当然、一般登山道とは異なってくる。増水した場合の逃げ道などは事前に想定しておかねばならない。

赤木沢は基本的に滝を高巻くことができるし、両岸が絶壁になっているところは少ないため、逃げ場は豊富にある。今回も3人パーティのうちの1人は沢を高巻いてヤブこぎを続け、自力で脱出した。また、上流部は草地やお花畑になっており、花崗岩質であることから降った雨が土壌にあまり浸透せずに沢に流れ込み、増水が早いことが想定される。沢の上部の形状も、赤木沢を囲む尾根は扇形をしており、大滝上部ではいくつもの沢が赤木沢本流に流れ込んでいる。このように2万5000分ノ1地形図で確認すると、増水が早い沢ということがわかる。

同じように、増水が早い沢の代表に谷川岳・一ノ倉沢がある。ここは周囲を岩壁に囲まれているが、岩場から流れ下った水が一ノ倉谷本流に集中するような地形になっている。このため、上流部で強い雨が降ると一気に増水する。筆者も一ノ倉沢の岩場を登攀中、何度も突然の豪雨に襲われた。そのようなとき、岩場から水が滝のように流れ落ち、本谷バンドはすごい量の水流になっていてとても通過できず、しばらく待機したものだった。雷光と凄まじい雷鳴に怯えながら30分から1時間ほど待っていると雨はやがて小降りになる。増水が早い沢は減水も早く、しばらくすると沢は見る間に減水してきてバンドを通過できるようになる。ただし、本谷の減水はもうしばらくかかるため、それを横断するときに再び待つことになるが、こちらも1時間も経たずに減水していく。このように「待つ」という選択肢もリスクを下げるための方法のひとつである。

一ノ倉沢の北側に芝倉沢がある。こちらは沢の形状が上流部でもう少し開けていて一ノ倉沢より流域が大きい。このため沢の増水には少し時間がかかり、減水するまでにはだいぶ待たなければならない。したがって待つほうがよいのか、堅炭尾根を1000メートルほど登り返して国境稜線に出て、西黒尾根や天神尾根を下降するのがよいのか悩ましいが、さすがに登り返すとなると体力を消耗し、時間もかかるので待つことを選択する場合が多い。これまでは多少、減水したときに渡りやすいところを見計らってロープで確保しながらも強引に徒渉してきたが、一歩間違えば２０１４年の徒渉中の事故と同じ目に遭いかねなかったと反省している。

増水が早い沢の周囲にある稜線や尾根が扇形をしていると、そこから流れ下る複数の沢が下流で一本の川に合流する。流域で雨が降ると谷を流れ下った雨が一気に下流の川へ集中し、急激に増水する。下流部で雨が降っていなくても上流部で強い雨が降るとあっという間に増水する。

一方、増水が遅い沢は長細い形状をしていて、支流の谷が同時に川へ流れ込まない場合は、増水

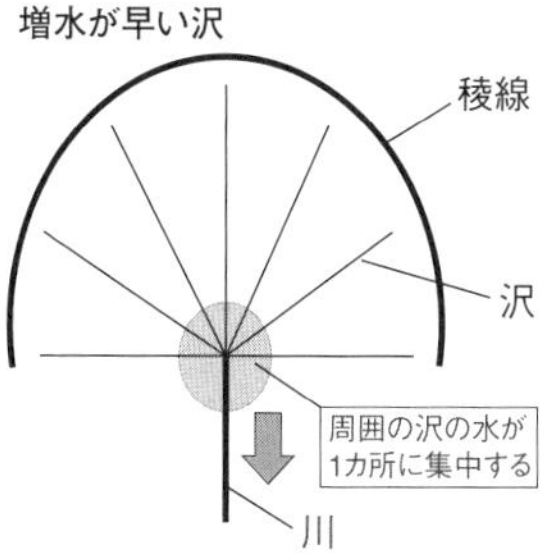

沢の周囲にある稜線や尾根が扇型をしているとき、そこから流れ下る複数の沢が下流で一本の川に合流する。そのため、流域で雨が降ると、谷を流れ下った雨水が一気に下流の川へ集中し、急激に増水する。

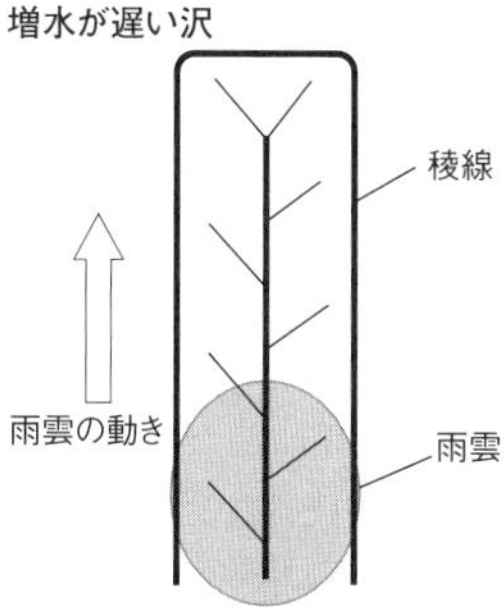

沢が長細い形状をしていて、支流の谷が同時に川へ流れ込まないような場合は、増水に時間がかかって、雨が降ってから逃げるまでに時間的な余裕があることが多い。しかし、水が引くのも遅く、さらに図のように雨雲が下流から上流へ動くときは水が引くのに非常に時間がかかる。

図6－1　増水が早い沢と遅い沢

に時間がかかる（図6－1参照）。したがって、雨が降ってから逃げるまでに時間的な余裕があることが多い。しかし、水が引くのも遅いため、沢を下降路に使う予定のときに登山道が冠水して通過できなかったり、徒渉できなかったりして、下山が大幅に遅れてしまうことがある。

基本的に沢登りは、増水したときにどこに逃げるのかを事前に想定することが重要であり、逃げ道のないゴルジュ（注2）ではその手前で周囲の雲の様子や、事前に調べた気圧配置などから判断を下すことになる。赤木沢の場合は、前述のとおり逃げ道は豊富にあるが、それでもある程度の傾斜はあり、登山初心者が楽に登れる場所はほとんどない。

遭難した2人がビバークを決定したのは、女性の技術や体力に対する不安からのようである。つまりパーティは好天時の通常水量の赤木沢を想定しており、沢が増水したときにどう対処するかの想定を行なっていなかったか、あるいは認識が甘かったということになる。体力的にも技術的にもそれほど難しくない赤木沢で高巻きをできなかったのは、このパーティが赤木沢に登る実力があったのか疑問であり、計画段階の検証が不十分だったと言わざるを得ないだろう。実際、同じ日にこのパーティとすれ違った単独行の登山者は、増水した沢を避けて高巻きを続けて稜線に抜けているし、事故を起こしたパーティのうち、1人も同じような行動をとって脱出している。

経験や体力が不足している人を同行させるときは、十分なフォロー態勢をとらなければならないし、天候の悪化が予想されるときは登山を中止するなど、より慎重な行動が求められる。

②当日の気象リスクを事前に予想

まずは目的とする山の気象条件について20万分ノ1地勢図や広範囲をカバーする地図から考えるが、これについては、第5章で説明したのでここでは省略する。次に、実況天気図や予想天気図から想定されるリスクについて考えてみよう。沢の増水や土砂崩落などのリスクは、登山前や登山中に大雨が降ったときに高まる。したがって、登山当日の天気図を見ていただけではダメで、登山前日までの気象状況を確認することも必要である。できれば、登山の前日に気象庁のホームページなどから解析雨量を確認し、目的の山のあたりで1時間に20ミリ以上の雨量が解析されていないかどうか、あるいは目的の山の近くのアメダスを確認し、24時間で80ミリ以上の雨が降っていないかなどを確認する。

登山前日にこうした状況が確認できた場合や、さらに数日間にわたってまとまった降水（24時間で80ミリ以上が目安）が確認される場合には、沢の増水や土砂崩落、落石などのリスクを考え、それらのリスクが高い登山道や雪渓歩き、沢登り、徒渉は避けたほうがよい。ただし、普通は数日間にわたって気象状況をチェックすることは難しいだろうから、気象庁が発表している土砂災害警戒判定メッシュ情報（http://www.jma.go.jp/jp/doshamesh/）の利用をおすすめしたい。これは、大雨による土砂災害発生の危険度の高まりを示す指標である土壌雨量指数などと、大雨警報・注意報の発表基準を用いた土砂災害発生の危険度の判定結果である。危険度が高い場合には、登山道のみならず、アプローチの車道が通行止めになったり、交通機関の運行が中止になったりする恐れもあるので、登山自体を見合わせたほうがよい。

次に、登山当日のリスクについて天気図から予想していこう。図6－2を見ると、日本付近には秋雨前線が停滞し、前線上の九州の西側と能登半島沖に低気圧がある。お盆期間中とは思えない気圧配置である。この天気図は、64ページの図3－8、2008年8月の白馬岳で土砂崩落が発生した日の天気図に似ている。

停滞前線が近づくときは、前線付近とその南側で大気が不安定となり、雷を伴って激しい雨が降ることが多い。特に前線上に低気圧やキンク（前線が折れ曲がったところ）があるときは、その南側で温かく湿った空気が流れ込み、大気が著しく不安定となって、集中豪雨や局地豪雨をもたらすことがある。まさに15日は能登半島沖に低気圧があり、北アルプスはその南側に入ったわけで、危険な気圧配置そのものである。また、九州でもその西側にある低気圧が東進するにつれてその南側に入り、北部を中心に各地で雷を伴った激しい雨が降った。

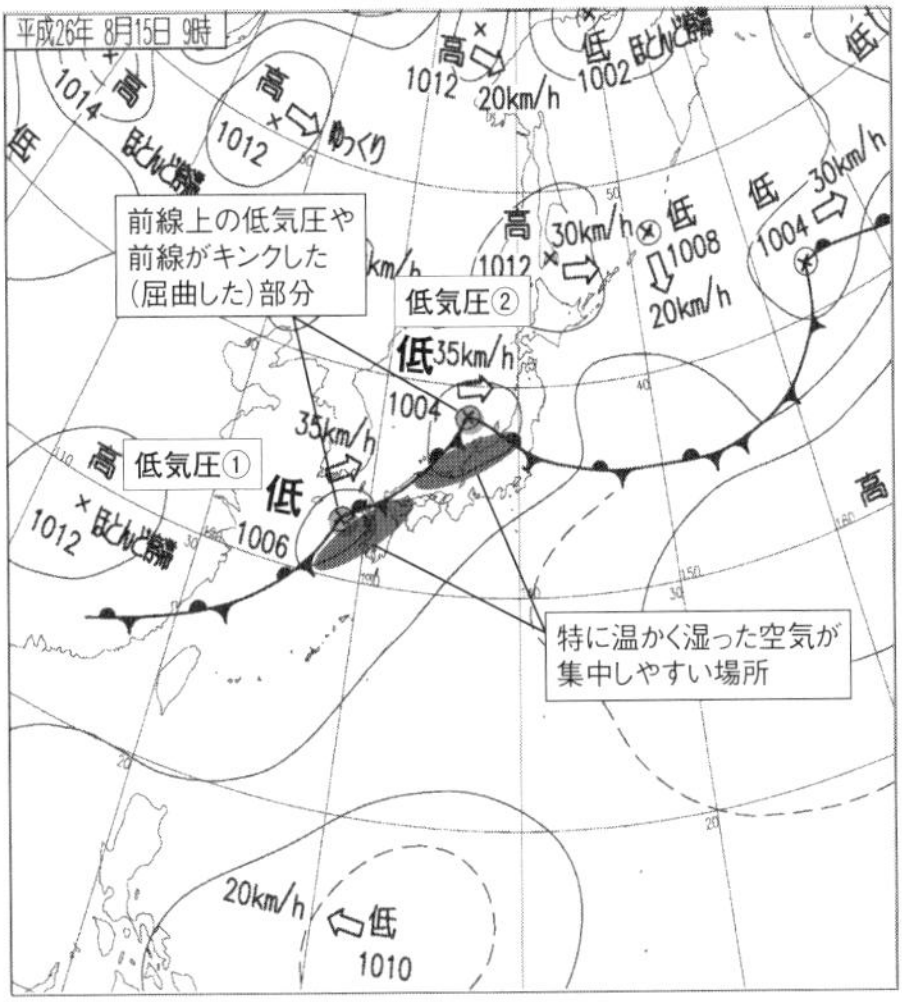

図6-2　2014年8月15日9時の実況天気図

画像6-1から6-4は2014年8月15日10時から8月16日20時にかけての気象庁の気象レーダーによる降水強度分布観測（雨雲レーダー http://www.jma.go.jp/jp/radnowc/）である。暖色系の色ほど強い雨が降っていることを表わし、薄い青色や水色、白色になるにつれて降水が弱く、何の表示もないところは雨雲が観測されていない場所である。一般に1時間に20ミリ以上の降水強度になると土砂災害や沢の増水などのリスクが起こりやすくなり、発雷を伴う可能性もある（本書ではモノクロだが、気象庁ホームページではカラー）。

このときの雨雲の変化をこれらの図から見ていくと、8月15日は午前中から赤木沢周辺に次々と非常に強い雨雲がかかり、特に10時すぎと17時ごろ、20時すぎに活発な雲がかかっていることがわかる。

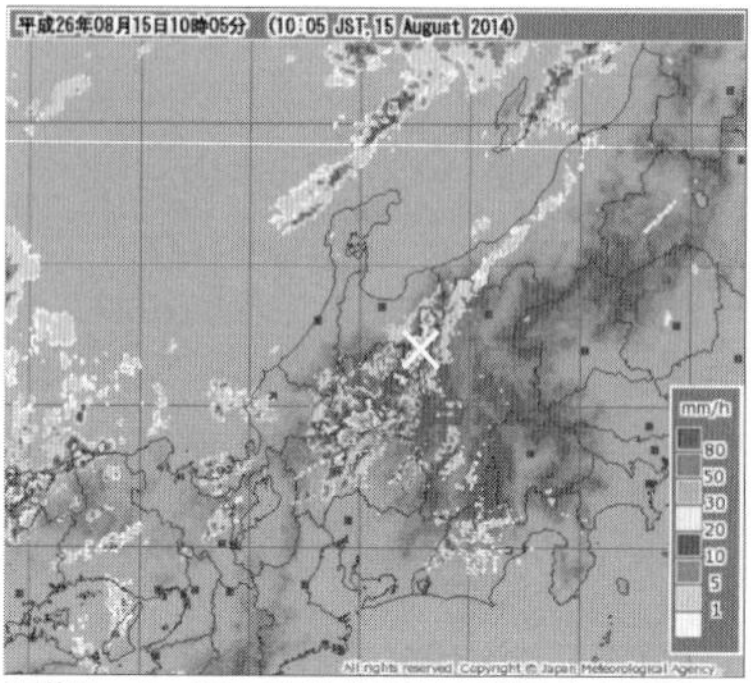

画像6－1　2014年8月15日10時5分の雨雲

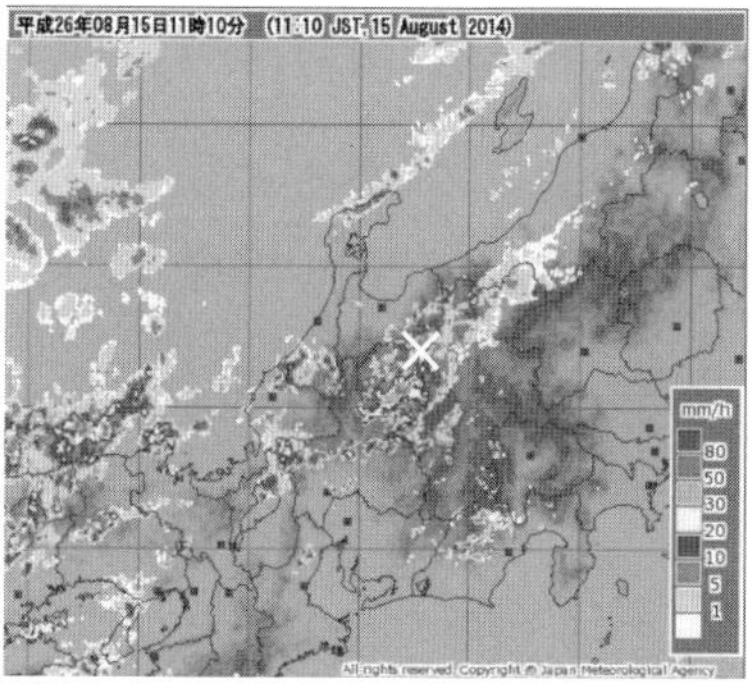

画像6－2　2014年8月15日11時10分の雨雲

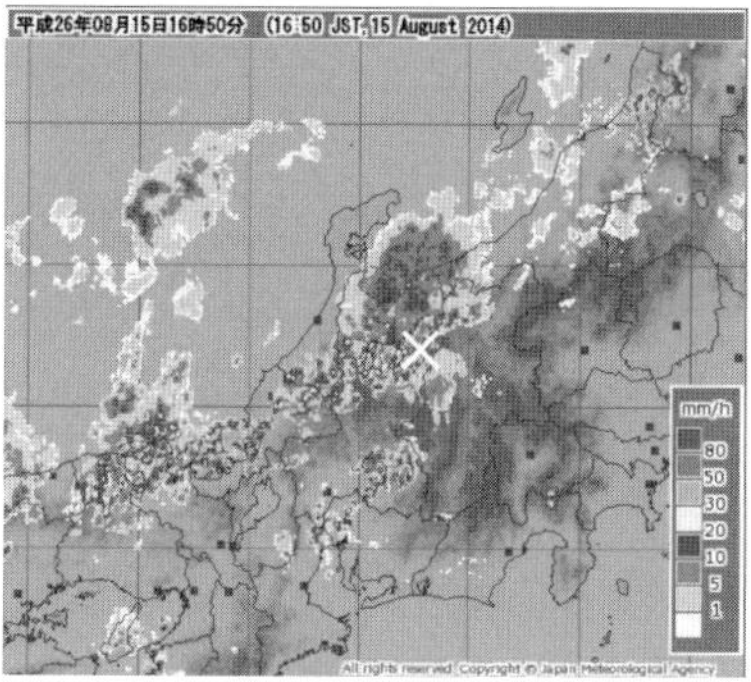

画像6－3　2014年8月15日16時40分の雨雲

図6－3は14日21時を基準とした15日21時の予想天気図（24時間予想図）である。15日9時に能登半島沖と九州の西側にあった低気圧（いずれも図6－2を参照）は、それぞれ佐渡沖と対馬付近に進んだが、動きが非常にゆっくりで、15日の北アルプスはほぼ終日、低気圧の南側に入った。そして、低気圧が北アルプスの北側を通過した午前中と、停滞前線が近づいた夜（図6－3参照）に、雨脚が特に強まった。

こうした状況が少なくとも前日までに予想されていたわけで、実際にヤマテンが「山の天気予報」の有料会員向けに発表した「大荒れ情報（注３）」では以下のような警戒情報を発表している。

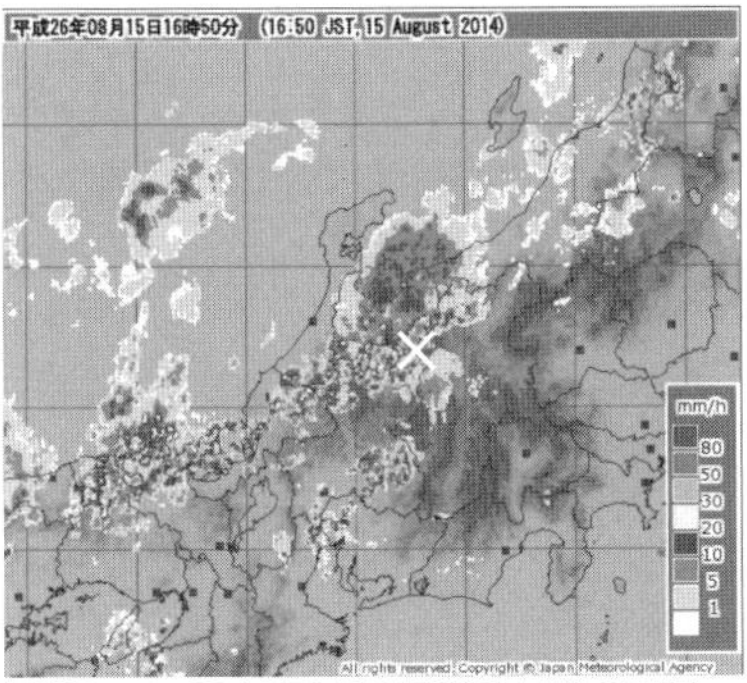

画像6－4　2014年8月15日20時15分の雨雲

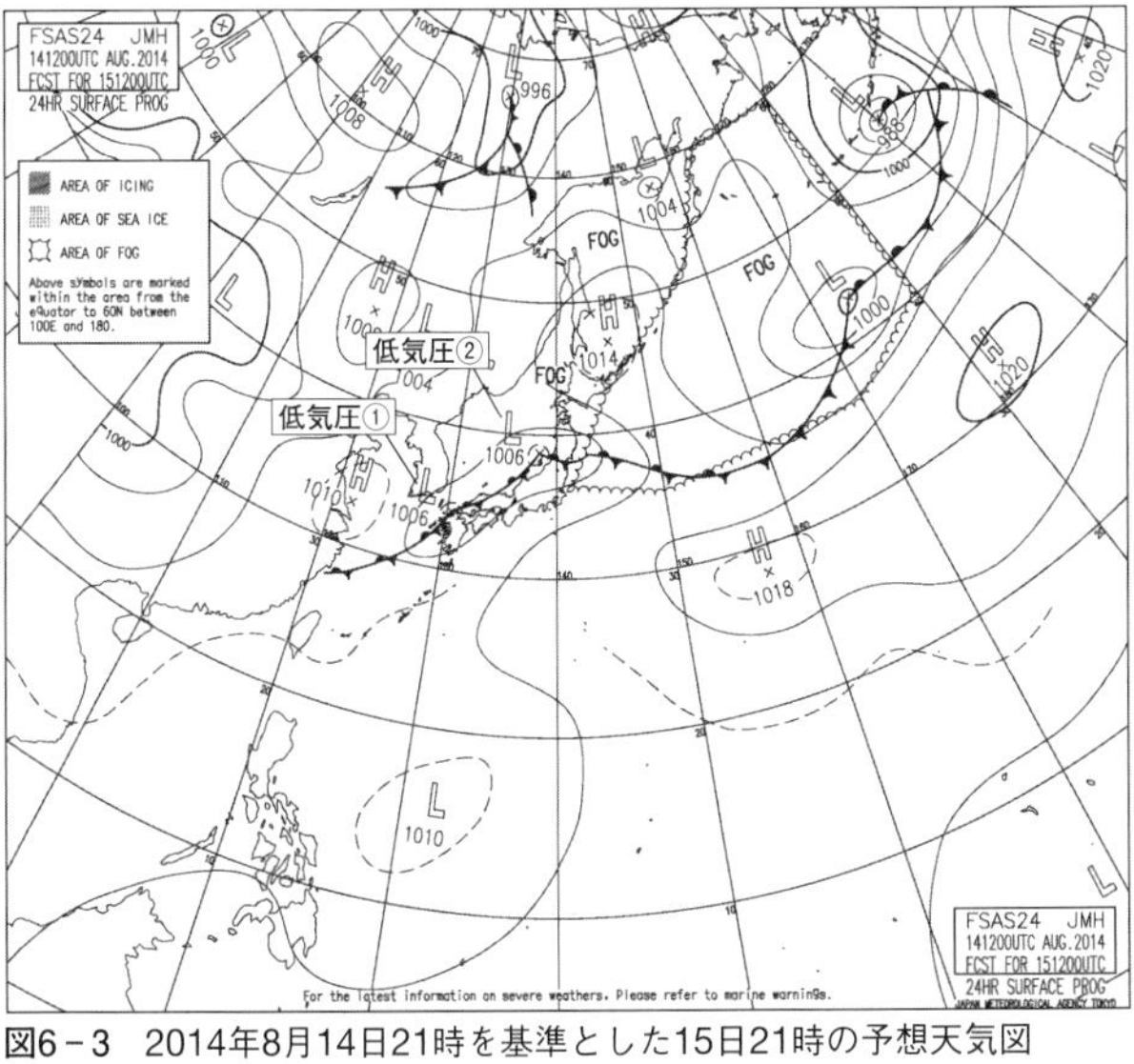

図6－3　2014年8月14日21時を基準とした15日21時の予想天気図

「15日から16日にかけて、日本海から秋雨前線が南下してくる見込みです。前線に向かって南から暖かく湿った空気が流れ込むため、16日は、早朝から雷を伴って断続的に激しい雨となる恐れがあり、15日も積乱雲が発達する恐れがあります。立山・剱連峰や白山など山域北部や西部では大雨となる恐れもあり、落雷や短時間の強雨、沢の増水、土砂崩落等に厳重な警戒が必要です。

また、15日昼ごろから16日夕方にかけて、稜線では立山・剱連峰や北ノ俣〜黒部五郎、槍〜穂高、乗鞍、笠ヶ岳など南西側が開けた稜線を中心に南西または西よりの風が強まり、16日未明から早朝にピークに達するでしょう。16日は風雨となる荒れ模様の天気となり、気温も上がらないことから、稜線の縦走は強風による転滑落や低体温症などにも注意が必要です。

なお、前線の活動や動き、湿った空気の入り具合によって予想が変わる可能性があります……」

（14日9時発表の中部山岳北部　大荒れ情報より一部抜粋）

さらに、同会員向けの14日16時発表の北アルプス北部の予報において、気象予報士のコメントとして、「15日：東北南部から北陸地方沿岸にある秋雨前線に向かって、南から温かく湿った空気が流れ込んでくるため、立山・剱連峰や山域北部から雨となる。稜線では南西風がやや強く、立山・剱連峰の稜線を中心にやや荒れた天気に。また、午後を中心に雷を伴って激しく降る恐れも。警戒事項：落雷、沢の増水、視界不良による道迷い／16日：北陸地方から九州北部にかけて秋雨前

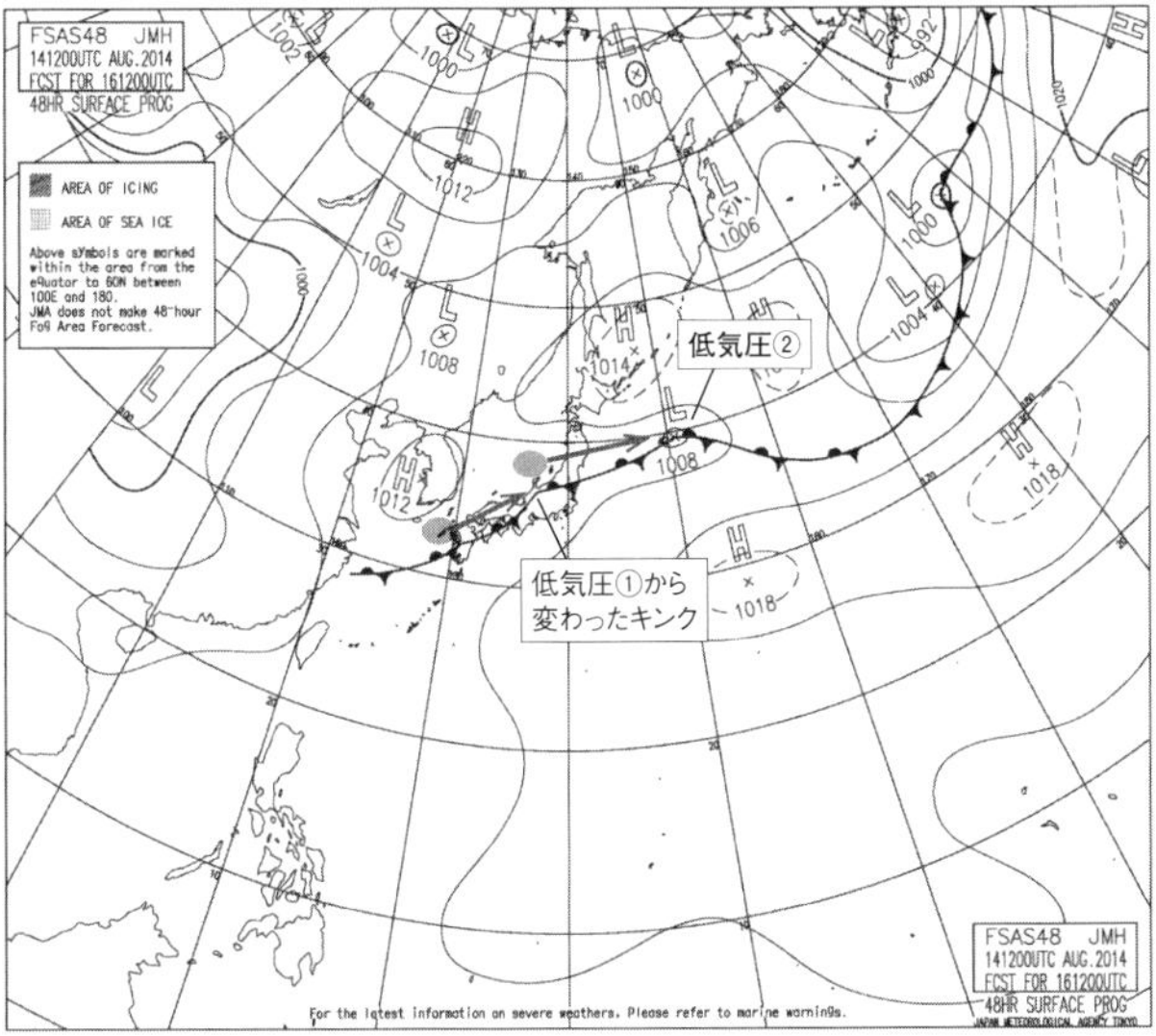

図6－4　2014年8月14日21時を基準とした8月16日9時の予想天気図

線が停滞し、ゆっくりと南下していく。前線の南側に入る午前中は立山・剱連峰や白馬以北の稜線で西よりの風が強まり、風雨の荒れ模様の天気に。また、雷を伴って非常に激しい雨の恐れ。沢の増水や土砂崩落、低体温症などに警戒。担当予報士：猪熊」という情報（一部省略）を発信した。

上記によれば15日から16日にかけて、落雷や沢の増水のリスクが非常に高いと最大限の警戒を呼びかけている。これは山岳気象に精通した気象予報士だから予想できたというよりも、一般の登山者でもそれらの気象リスクが高いということは、予想天気図を見ればある程度想定できたであろう。

翌16日も朝から雷を伴った非常に激しい雨

が断続的に続き、北アルプスの蒲田川の支流滝谷の出合付近を徒渉していた登山者3人が濁流に流され、亡くなるという痛ましい事故が起きた。

図6－4は同年8月14日21時を基準とした8月16日9時の予想天気図（36時間予想図）である。これを見ると15日21時の予想図（図6－3）では佐渡沖と対馬付近にあった低気圧はそれぞれ速度をあげて東に進み、前者は三陸沖に抜けた。後者は低気圧が弱まって天気図上に表現されなくなったものの、前線上のキンクが北陸地方に達している。そこに低気圧が隠れていると思ってよい。つまり、キンクはミニ低気圧とも呼ぶべきもので、この南側では温かく湿った空気が入る。そのため北アルプスでは再び雷を伴った非常に激しい雨が降ったわけである。

このように事前に落雷や沢の増水、土砂崩落などに、特に警戒が必要な気圧配置が予想されていたのだから、沢登りは中止にする、または徒渉が予想される登山道ではルートを変更するなどの対応が必要であったと思われる。また、薬師沢小屋に赤木沢周辺の沢の増水状態について確認することも必要である。

低体温症のところでも述べたように、事前に地形図や登山ルートの記録、ガイドブックなどを参照して沢の増水によるリスクがあったり、徒渉が予想されるところ、涸れ沢を横断したり、土砂崩落などの恐れが高いところがあるかをチェックし、落雷や局地豪雨、大雨が予想されるときはそれらのリスクの少ないルートにあらかじめ変更したり、登山を中止するなどの対応を心がけたい。

③登山中に想定すべきこと

たとえ天気予報が悪かったり、予想天気図から天候が悪いことを想定していたとしても、経験や体力、技術が充実している実力のあるパーティで、考えられるリスクを想定してそれに対処できる力があれば、計画どおりに出発するということが間違っているとはいえない。前にも書いたが、山の天気は現場に行ってみなければわからないこともあるからだ。

その場合には、現場で刻々と変化する状況からリスクを減らしたり、回避するための判断をしていかなければならない。その際に重要なのは、リスクが想定される場所に入る前に（たとえば、徒渉をする前や、涸れ沢を横断する前など）、そのリスクを評価することである。この評価が事故を起こしている登山者は甘い気がする。

沢登りの経験が少ない人で、これから徒渉する沢を見て、流れの強さはどのくらいなのか、深さはどうなのか、沢のどの部分で流れが強いのか、どう渡るのがもっともリスクが少ないのかといった判断を正しくできる人はあまりいない。その結果、リスクを過少評価したり、ロープを使えば大丈夫だろうという、ロープに対する過剰な信頼感があるように思える。8月16日の滝谷における事故もロープを使用して起きているし、同年9月5日に発生した京都大学山岳部による事故も、ロープを使用した徒渉中に発生している。実は、沢の事故はロープを使用しているときに起きていることが多いのである。沢の経験が少なかったり、ロープの扱いに習熟していない登山者は、基本的にロープを使わなければ徒渉できない状態の沢を渡るべきではない。

また、赤木沢の徒渉の際に登山者はロープを使わず、先に1人が徒渉して流されたのだが、ロープを使わない場合にスクラム徒渉という方法がある。スクラム徒渉にも色々な方法があるが、赤木沢のパーティは3人なので、一番力のある人が上流側に、女性が男性2人の間に位置する形で、男性にフォローされながら渡る方法がよかったように思う。スクラム徒渉をしなかったのは、その方法を知らなかったのか、力のある1人が偵察がてら渡って、残り2人がスクラム徒渉をするつもりだったのかもしれない。結果として先に徒渉した男性が流されたのだから、いずれにしても「この程度の流れであれば1人で渡れる」という流れの強さに対する認識が甘かったのではないだろうか。

沢は平常より増水した場合、自分が思っている以上に流れが強い。また、膝下位の水量であっても、ちょっとした流れの変化でバランスを崩し、簡単に流されてしまう。沢床の地形は複雑なので経験が豊富でないと、見ただけではどのような状態になっているかを推定するのが難しい。特に増水時は濁っているのでなおさらである。増水時の徒渉はできるだけ避けたほうがよい。

さらに、沢の中で何泊もするような場合、最新の気象情報の入手は困難であるが、現在は、民間気象会社から気象情報の提供を受けている山小屋もある。薬師沢小屋に行く途中で通過する太郎平小屋では、毎年7月中旬から8月20日ごろまでの約1カ月間、3日先までの天気予報が張り出されている。また、山岳警備隊も常駐しているので、そこで翌日の落雷や局地豪雨に対するリスクの大きさを確認できたはずだ。

また、岐阜県警によれば16日に滝谷出合付近で遭難したふたつのパーティはそれぞれ、ヒュッテ大槍と槍ヶ岳山荘に宿泊していた。いずれの山小屋も気象会社から気象情報の提供を受けており、たとえ表銀座や裏銀座などから縦走してこれらの山小屋に到着し、登山前にはまだこうした気象予想がされていなかったり、予想天気図を入手できなかったとしても、翌日の天候悪化の情報や、どのような気象リスクが想定されていたかの情報は入手できたはずである。

今では北アルプスの一部の山小屋ではパソコンを使用することもでき、稜線の山小屋など携帯が通じる場所では携帯電話やスマートフォンなどで予想天気図を見ることもできる。登山中も情報が得られる場所で最新情報をチェックすることが大切だ。特に夏場は予報精度が低下するので、できるだけ最新の情報を利用したい。谷や沢のなかなど、どうしても携帯が通じない場所では、NHKラジオ第2の気象通報から地上天気図を作成して、翌日以降の予報に役立てることができるが、これは天気図を書けないと意味がない。

また、気象情報が得られないときには観天望気の重要性が増す。周囲で入道雲が発達してきたり、急にジメッとした冷たい風が吹いたり、ポツリと大粒の雨が降りだすようなとき、あるいは、通常は晴れている日中、下流側から吹いてくる風が上流側から吹きおろしてくるときは、発達した入道雲が近づいてくる可能性がある。すぐに少しでも安全な場所に避難したほうがよい。

その場所で降っていなくても上流部で強い雨が降っているときは、沢が急激に増水することがある。上流部の雲の様子にも注意を払いたい。真っ黒な雲が上流部にかかっているときは、すぐに沢から離れるようにしよう。また、そのようなときは、沢の流れに注意し、草や多量の落ち葉、枝が流れてくるときは少しでも沢から離れた高い場所に避難することをおすすめする。

注1　沢登り中に、技術的に滝の水流中や水流脇の壁などを登ることができない場合に、滝そのものを登らず、滝の手前から少しでも登りやすい斜面を登って滝を迂回し、沢に再び戻ること。脆い岩や泥の壁、急な草付を行く場合も多く、直接滝を登るよりも高巻きのほうが危険なこともある。
注2　フランス語で「喉（のど）」の意。両側の岩壁が切り立って廊下状になっている峡谷。
注3　山域の広い範囲で気象遭難のリスクが高いと想定されるときに発表される情報。暴風雨（雪）や低体温症、大雨で沢の増水や土砂崩落のリスクが非常に高まったときなどに発表される。

第7章

落雷遭難を防ぐシミュレーション

一瞬で命を奪う落雷事故

古くから山で雷に遭遇することは恐れられてきた。筆者も登攀中に何度も雷に襲われたことがある。岩場を懸垂下降しているときに「ピカッ、ドーン」とやられると、本当に生きた心地がしないものだ。やはり、雷は登山中にもっとも遭いたくないもののひとつに挙げられるだろう。登山中に雷に襲われ、死亡した事故はこの20年だけで少なくとも14件発生している（表7－1）。2004年7月24日には北アルプス・燕岳～大天井岳と福島・栃木県境の帝釈《たいしゃく》山で死亡事故が起きており、翌25日にも北アルプス・不帰《かえらず》ノ嶮《けん》や爺ヶ岳、鈴鹿山脈の御在所岳付近で死傷者が出ている。2008年には北アルプス・白馬岳や小蓮華山、大分県・久住山、中央アルプス・檜尾《ひのきお》岳、富士山の富士宮口、高尾山で死傷者を伴う落雷事故が相次いで発生するなど、落雷事故の発生件数が多い年が数年に1回程度現われている。

しかし、雷は怖いと言いながらも、実際には多くの登山者が雷をあまり怖がっていないように思える。言い方を変えれば、あまり警戒していないように思える。ある初夏の暑い日に日光白根山に登ったことがあった。山頂上空には青空が広がり、強い日差しが降り注いでいる。山頂は休日とい

表7-1　登山中の主な落雷事故

（1998年以降の死亡事故とそれ以前の大量遭難事故）

年月日	場所	概略
1955年8月3日	中央アルプス・富士見台	キャンプ中の中学生４人が死亡、５人負傷
1967年8月1日	北アルプス・西穂高岳	学校での集団登山中に被雷。11名が死亡、学校以外の社会人を含む13人が負傷
1998年8月28日	北アルプス・槍ヶ岳	山頂近くで被雷。ハシゴから転落して一人が負傷
1998年8月28日	北アルプス・燕岳	燕岳山頂近くで１人死亡、１人負傷
2001年8月1日	富士山	富士山山頂近くで１人死亡
2002年8月2日	南アルプス・塩見岳	ツアー登山中に被雷、１人死亡、４人負傷
2004年7月24日	北アルプス・大天井岳	１人死亡
2004年7月24日	帝釈山	１人死亡、６人負傷
2004年7月25日	北アルプス・不帰ノ嶮	２件の事故発生。合わせて１人死亡、６人負傷
2006年4月25日	奥多摩・本仁田山	１人死亡、１人負傷
2008年7月31日	大分・久住山	１人死亡
2008年8月6日	中央アルプス・檜尾岳	１人死亡、１人負傷
2008年8月9日	富士山・富士宮口	１人死亡
2011年4月30日	北アルプス・鹿島槍ヶ岳	１人死亡、１人負傷
2012年5月28日	尾瀬・尾瀬ヶ原	１人死亡
2012年8月18日	北アルプス・槍ヶ岳	１人死亡

うこともあって大勢の登山者でにぎわい、みな、お弁当を広げたり、お菓子を食べたり、おしゃべりに興じている。それは夏山の微笑ましいワンシーンであるのだが、実は危険な兆候が空に現われていた。入道雲が周囲で急速に発達しつつあったのだ。

日光白根山では、昔から「湯の湖側から入道雲が成長していくときは雷に注意」という言い伝えがある。このときも湯の湖側で入道雲が発生していた。ところが、山頂の登山者の誰一人として空に注意を払うことはなく、「危ない雲が出てきたからそろそろ戻ろうか」という人もいなかった。当時、私は気象予報士でもなかったので、「あまりでしゃばったことを言って雷が発生しなかったら恥ずかしいし、申しわけない」という気持ちが先に立って、登山者に注意することもなく、足早に山頂をあとにした。

そのときは幸い、入道雲は雷雲に成長せず、大粒の雨がパラッときただけだったが、それは単に運がよかっただけで、こうした状況下で山頂に長居は禁物である。万が一、あの状況で積乱雲が発達し、雷雲が発生していたら、登山者の多くは危険な状況に追い込まれた可能性があるからだ。過去の遭難事故からも、落雷を避けるための有効な方法は観天望気ということがわかる。

それでは、どうして観天望気が有効なのかを、１９６７年8月1日に発生した、松本深志高校の事故を取り上げて考えてみる。高校生11名が死亡し、周囲にいた社会人を含めると計13名が負傷した登山史上最悪の落雷事故である。若い命が一瞬で失われた、あまりにもむごい事故であり、報告書を読みながら涙がこみ上げてきてやりきれなかった。

なお、この事故に関しては、松本深志高校が発行した「西穂高岳落雷遭難事故調査報告書」に詳しい。報告書では事故の経緯や天候状況と天候判断、雷雲の成長の仕組みや発雷の分布、上層の寒気と積乱雲の発達との関係、観天望気などを当時の京都大学教授や気象庁の予報課長などの専門家の意見を入れて気象学的な見地から非常に詳細に検証している。

今から50年近く前の遭難事故でこれほど、学術的に見識の深い検証が行なわれていたことは驚きであり、深く感銘させられた。今も、この事故から登山者が学べることは非常に多い。

落雷による遭難の事例

事例3……1967年8月1日 西穂独標付近

1967年8月1日に北アルプスの西穂高岳に登頂後、西穂山荘方面に戻る途中、独標《どっぴょう》付近を歩いていた松本深志高校の生徒、教員を落雷が襲い11人が死亡。社会人も含め13人が重軽傷を負った。

①登山前に想定すべきこと

局地豪雨とともに、夏山で予想しづらい気象現象が落雷である。落雷は局地豪雨をもたらすのと同じ、発達した積乱雲によって引き起こされる。したがって、落雷が発生しやすい状況についての考え方は局地豪雨と同じである。

まずは、登山前に積乱雲が発達しやすい気圧配置であるかどうかを地上予想図から、大気が不安定であるかどうかを高層天気図で高度5500メートル付近（500ヘクトパスカル面）の気温からチェックする。事故のあった1967年8月1日の地上天気図（図7－1）を見ると、太平洋高気圧が日本付近を覆っており、天気図上では夏山日和になりそうな、好天を予想させる。ただし、日本の南海上には台風があり、湿った空気が日本付近に流れ込みやすい形ではある。

さらに、高度5500メートル付近（500ヘクトパスカル面）の寒気の様子を見ると、夏場に積乱雲が発達しやすい目安であるマイナス6度Cの寒気が事故当日の8月1日に中部地方から関東地方を覆っていることがわかる（図7－2）。南海上の台風から温かく湿った空気が入りやすい状況のうえに太平洋高気圧に覆われて日中は地面付近の気温が上昇し、上空には寒気が入って上空と地上付近との温度差が大きくなる。つまり大気が不安定になって積乱雲が発達しやすい状態になったといえる。

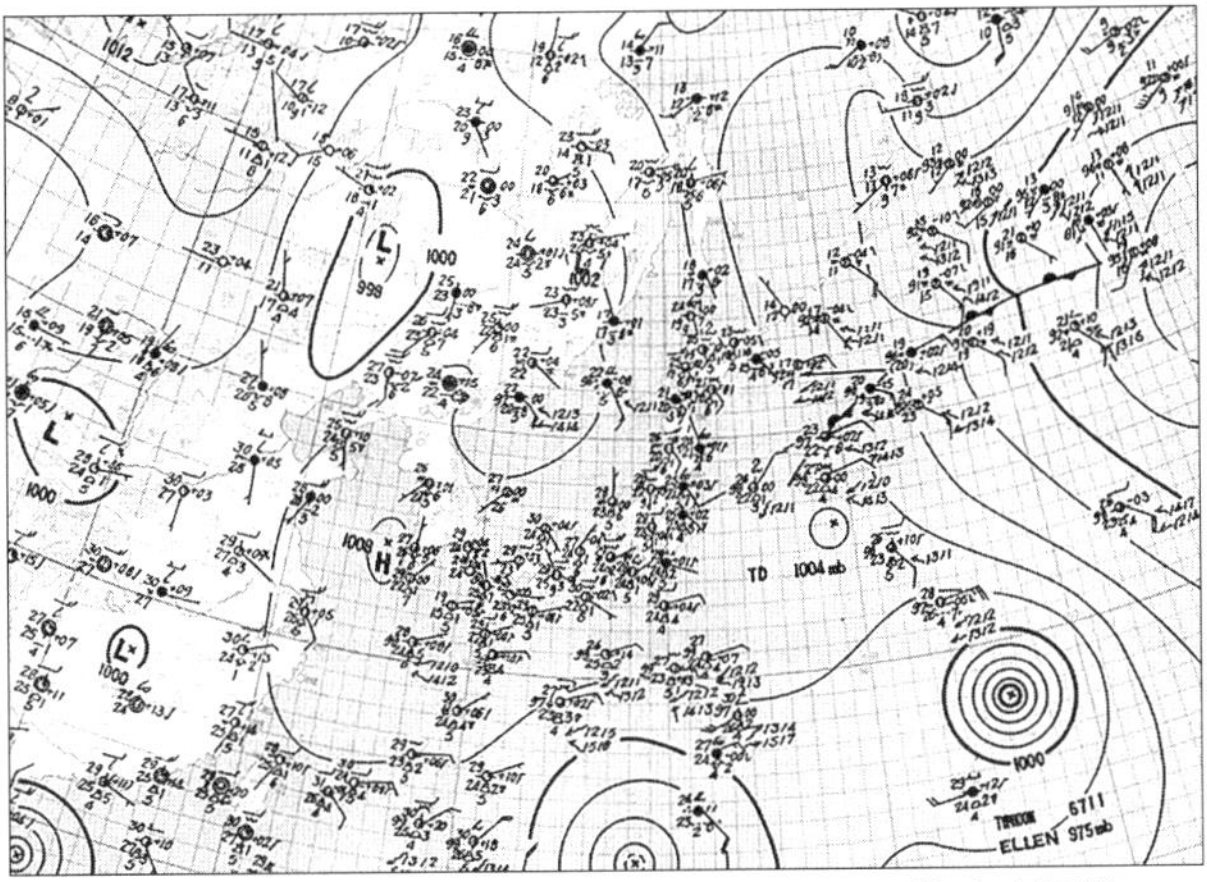

図7－1　1967年8月1日9時のアジア太平洋地上天気図（気象庁提供）

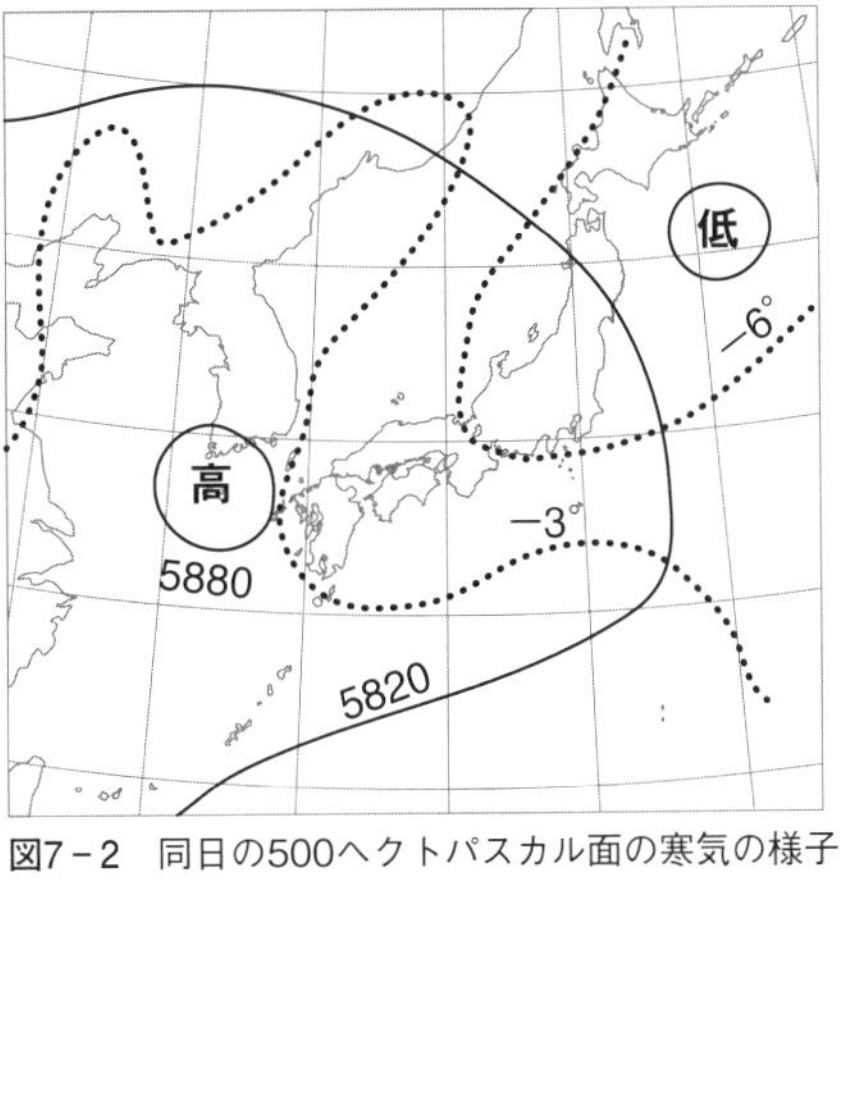

図7－2　同日の500ヘクトパスカル面の寒気の様子

天気図から積乱雲が発達しやすい状態であることがわかったが、積乱雲が穂高連峰上空で発達するかどうかは不確実であり、当然のことながら、１００パーセント雷や局地豪雨に襲われるという保証もない。したがって、登山前日に翌日の登山を中止するのは時期尚早であるといえる。この時点でできることは、「出発時間を早める」「目的地やルートを変更する」のふたつということになる。

「出発時間を早める」については、学校での集団登山ということになると難しい。特に山小屋泊の場合には食事の時間が決まっており、簡単には変更できないからだ。しかしながら、朝食を弁当に変えて出発を早めるという方法もあるし、松本深志高校の場合には、小梨平のキャンプ場に幕営していて朝食は自炊であったので、出発時間を30分程度早めることはできたかもしれない。30分早く出発していれば、落雷発生時には事故が発生した独標（注１）よりもだいぶ西穂山荘（注２）寄りに移動できただろうから、被雷は避けられた可能性が高い。

しかしながら30分出発を早めるほど、落雷の危険性が高かったかというと、同じような気圧配置で上層の寒気が入っていても雷雲が発生しないこともあり、難しい判断になる。それでも南海上に台風や熱帯低気圧があり、５００ヘクトパスカルでマイナス6度C以下の寒気に覆われるときや、日本海から前線が南下するとき、前線を持たない小さな低気圧が発生するときは、できるだけ出発時間を早くしたほうがよいだろう。もちろん、こうした気圧配置でなくても、突発的に雷雲が発生することがあり、夏山ではできれば13時までには目的地に到着することが望ましい。

次に「目的地やルートを変更する」について考えてみる。計画では上高地から西穂山荘を経由して西穂高岳に登頂するコースを予定しており、上高地から西穂高岳までの経路としてはもっとも時間的に早く、技術的、体力的にも楽に山頂に立てるコースであるから、ほかに変更することは考えられない。そのためコースの変更というよりも、西穂高岳に到着するまでに積乱雲が発達していく状況であれば、登山をどこかで中止して引き返すという選択肢が妥当である。

落雷は高いところ、尖ったところに落ちやすいという性質がある。一方、従来言われてきた濡れたものに落ちやすい、金属に落ちやすいといったことは、数多くの実験が行なわれた結果、古くからの迷信で、そのような事実はないということが証明された。

したがって、山では山頂や稜線、尾根上などの高いところを避け、尖った岩、高い木のそばから離れることが大切で、営業小屋や避難小屋に避難するか、近くにそれらがなければ、窪地などの周囲より低い場所、稜線や尾根から少し下りた場所などに避難することが望ましい。営業小屋や避難小屋でも軒先や壁の近くは危険なので、屋内のできるかぎり壁から離れた場所にいるようにしたい。

また、大きな岩の陰や高い木の下で雨宿りする人もいるが、これらは非常に危険である。実際、2002年8月2日に起きた塩見岳～三伏峠間にある本谷山近くでの落雷死亡事故では、枯れ木に雷が落ち、木のもっとも近くにいた人が亡くなった。大岩や尖った岩、高い木は雷が落ちやすく、落ちた雷が岩や木を通って人体に入るからだ。絶対にこれらの近くは避けよう（図7‐3参照）。

また、山ではほとんど使えないが、下界で雷に遭遇したときに比較的有効な避難方法がある。電柱、煙突、鉄塔、建築物などの高い物体のてっぺんを45度以上の角度で見上げる範囲内で、その物体から4メートル以上離れたところ（保護範囲）に退避するというものだ（図7‐4参照）。高い木の近くは危険なので、最低でも木のすべての幹、枝、葉から4メートル以上、離れなければならない（雷から身を守るには―安全対策Q&A：日本大気電気学会から引用）。もちろん、近くに建物や車があるときは、それらの中に逃げるのがもっとも安全だ。

こうした知識を頭に入れて、雷に襲われたとき、登山ルートのどこに避難すべきなのか、積乱雲の発生が疑われるとき、どこで引き返すべきなのかを、登山前に2万5000分ノ1地形図から考えていく。上高地から西穂山荘までは気象リスクがほとんどない場所なので、西穂山荘から西穂高岳までについて見ていこう。

低体温症のリスクでは「①森林限界を超えるところ」「②尾根に出るところ」「③主稜線に出るところ」が引き返しポイント（ターニングポイント）となり、その地点で前進するか撤退するかを決めることが重要であると述べたが、国土地理院発行の2万5000分ノ1地形図を見ると、西穂山

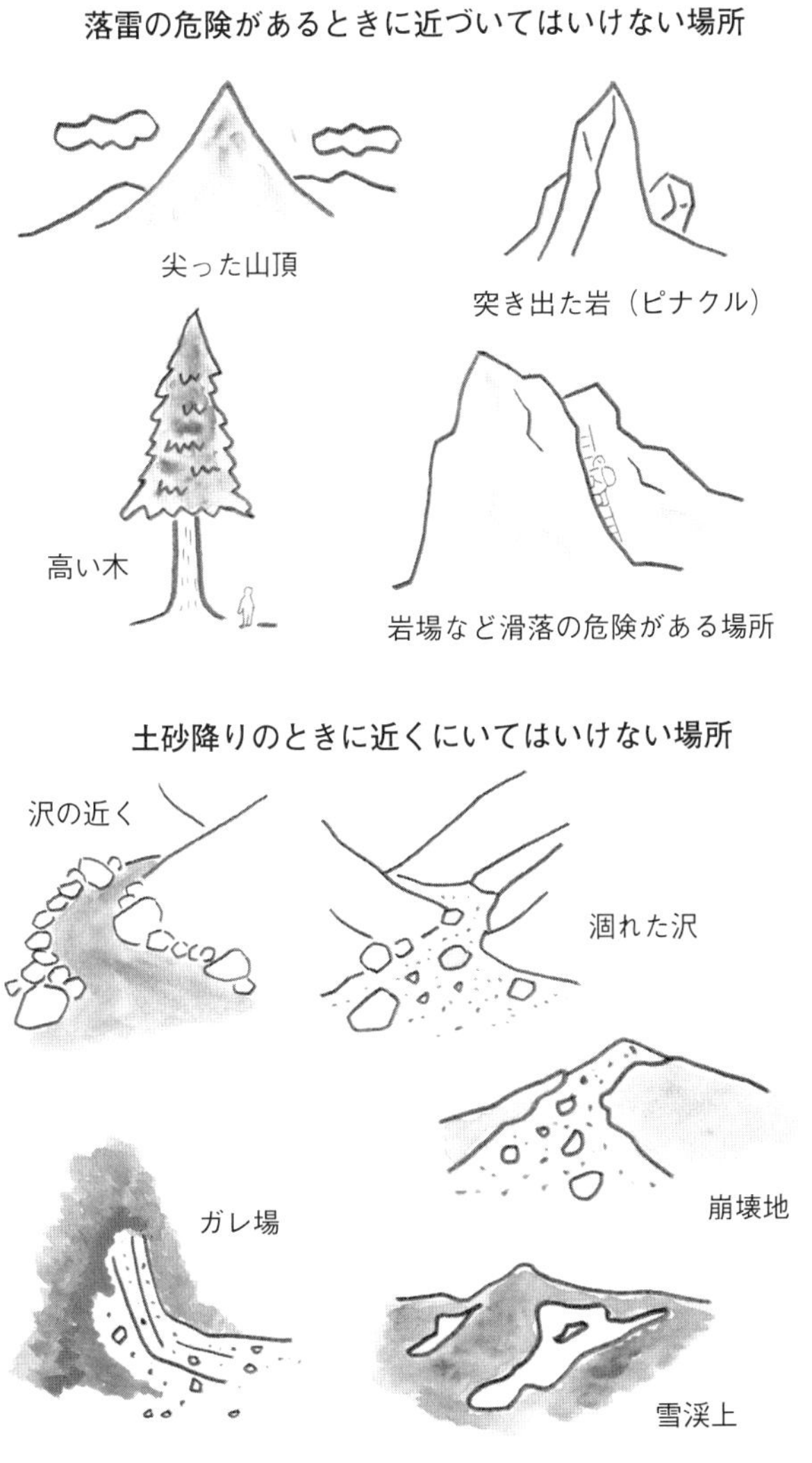

図7－3　落雷や土砂降りのときの危険場所

荘付近が①、②に当てはまり、重要なターニングポイントであることがわかる。

また、西穂山荘付近は穂高岳から焼岳に続く主稜線上の尾根になっていることから、②、③においても西穂山荘での判断が重要になる。ただし、実際には西穂山荘の少し上までまばらな樹林があり、森林限界は地形図どおりではないし、顕著な尾根状になるのも丸山から上部である。事前に想定したものと違う場合には、現場で判断を修正すればよい。

いずれにしても、西穂山荘あるいは丸山から先は吹きさらしの尾根上、そして落雷から身を隠せる場所が少ないことが予想されるので、落雷や強風など荒天が予想されるときは、西穂山荘において進退の判断をすることが重要になる。現在、西穂山荘には支配人の粟澤徹さんがおり、穂高岳の気象に精通した気象予報士でもある。とても忙しい身であるが、天候の先行きに不安があるときには、彼に相談するとよいだろう。引き返しポ

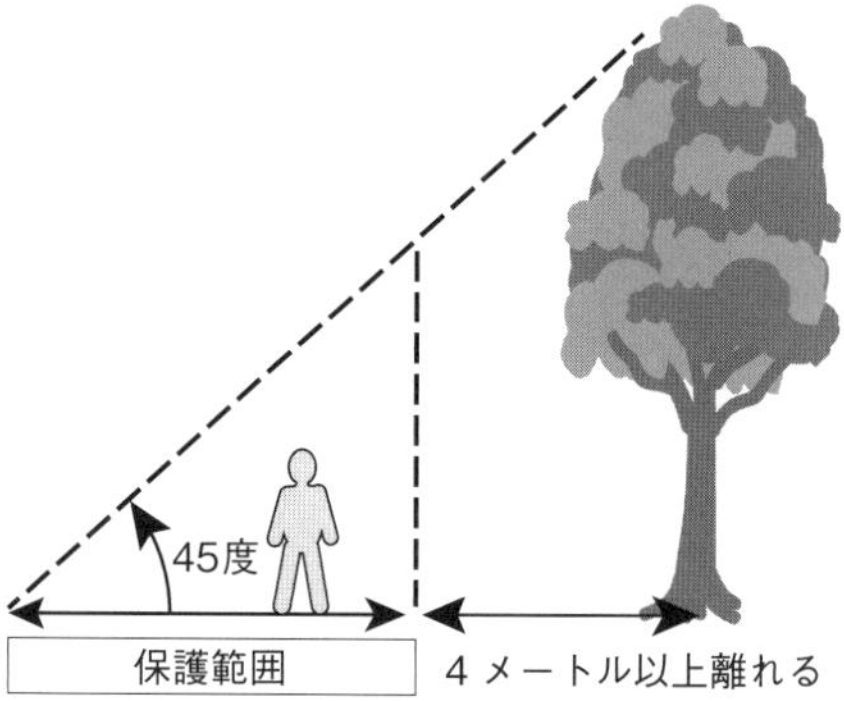

図7-4 木や尖った建造物の保護範囲

図7－5　西穂山荘までの引き返しポイント

イントであり、冬季も営業している西穂山荘に粟澤さんのような気象予報士がいるのは登山者にとって非常に心強いことだ。

②現場で判断すべきこと

まず、出発するときに雲を観察したい。雲の流れる方向から風向きを、雲の種類や量から、事前に天気図などから予想したマイ天気予報との違いを確認するためである。報告書によれば、この日は早朝から快晴。風については記載がないが、天気図から見ても風が弱く、幕営地の上高地・小梨平では朝のうちは明神側からの山風が吹いていたものと思われる。また、出発時点では焼岳方面に層雲が見られ、天狗のコル方面に上層雲が見られるものの、この時点では雷雲の卵である積雲が発生していたという記載はなく、風向きからも雲の状況からも好天時の特徴を示している。つまり、出発したことには何ら問題はない。

西穂山荘までの樹林帯の登りは、視界が利かないところが多く、雲の状況についての報告はない。また、樹林帯であるから風もほとんどなかったものと思われる。さて、西穂山荘での判断が重要だと述べたが、この日は事前の天気図などから判断すると上層に寒気が入ることが予想され、雷雲が発生しやすい気象条件であったからなおさらである。このときの気象状況は、報告書によると、

写真7－1　雲の発生が天候悪化の前兆なのか否か見極めることが重要だ。奥穂高岳山頂から西穂高岳方面を望む（写真＝荻原浩司）

西穂山荘の上部では飛驒側からの微風に肌寒いほどの陽気であったという。また、当時の写真によると、焼岳の東側には雲が発生し始めていたが、この時点で天候悪化の懸念を抱いた者はただひとりもいなかった。

確かに報告書に掲載された写真を見るかぎり、夏季晴天時の9時～10時ごろの状態としては普通で、積雲が発達している様子は見られない。このことから、西穂山荘を出発したことは誤った判断とはいえないだろう。

西穂山荘を過ぎると、丸山から上部は吹きさらしの尾根や稜線になる。丸山の山頂に立つと、西穂高岳方面にはハイマツの絨毯のような尾根が広がっており、遮るものがなくなる。つまり、ここから先は風から身を守るものがなくなるわけで、低体温症のリスクに関する最終判断は丸山で行ないたい。松本深志高校の場合は、風が弱かったため当然、前進した。遮るものがないということは、落雷から身を守る場所がないということであるから、落雷のリスクがあるときも丸山で進退を判断すべきところではある。雷雲が接近しても西穂山荘まで10分程度であるから、雷雲による大粒の雨が降りだしても落雷の直撃を受ける前に何とか山荘に逃げ込める可能性が高い。

事故発生日の丸山付近から見た独標の写真を見ると、積雲が稜線上に湧き立っている。このように山腹ではなく、稜線から上方へ積雲が湧き立つときは上昇気流が強まっている証拠であり、注意が必要だ。すぐに雷雲に発達するということはないが、当日は大気が不安定な状態でもあるので、今後の雲の成長や変化に注意をしなければならない。

さて、リスクが少ないと判断した場合には西穂高岳方面に進む。しばらく行くとガレた斜面に変わり、視界が悪いときは道迷いに注意が必要だが、残念ながらそれは地形図からは読むことができないので現場での判断となる。

さらに進むと、それまでのなだらかな山容が岩がちな稜線に一変する。独標の登りである。ここから先は西穂高岳まで地形図でも岩や崖のマーク（図7－6）が増え、特に信州側でそれらのマークが顕著に現われる。等高線の間隔も非常に狭いことから、信州側が急傾斜で切れ落ちていること

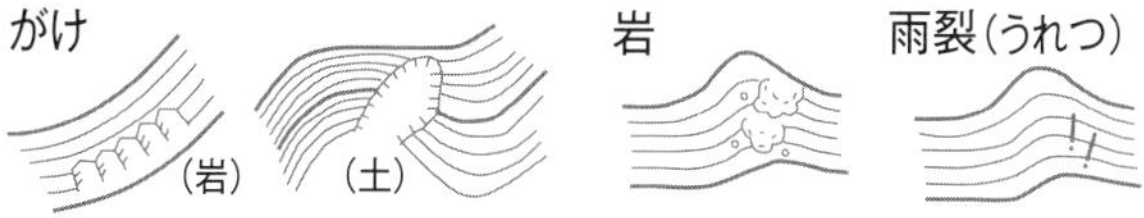

図7－6　地形図の岩や崖の記号

が推測できる。強風やスリップによる転滑落、不注意なつまづきや積雪期にはアイゼンの引っかけなどによる転滑落などに十分な注意が必要であるし、落雷時にはその衝撃で転滑落する可能性がある。

また、集団登山の場合には横に広がることができず、一列に連なるため、人に対して雷撃があると、人から人へ雷が伝わっていく。そのため、集団で被雷する危険性がある。岩は電気を通しにくいことから、雷が落ちたときに電気が伝わっていかず、人間が電気の通り道になってしまう。岩溝状の地形を多数の人間が連なって通過すると特に危険だ。１９６７年の松本深志高校の落雷事故はまさにこうした状況で落雷が起き、被害が大きくなったと思われる。

落雷のリスクが少しでもあるときは、独標から先へ進むことは危険であり、引き返すほうが賢明だ。そして、落雷から身を守れる地点といえば、独標直下まではハイマツに潜り込むぐらいしかなく、それも有効な方法とはいえない。切り立った稜線となっていることから、稜線上から両側いずれかの斜面を下りることも難しい。雷の接近までに時間的な余裕がありそうなときは、とにかく西穂山荘に逃げることだ。

松本深志高校の事故時における最大の引き返しポイントは独標であったと思われる。すでに独標に到着したときは、周囲の積雲は雄大積雲（入道雲）に成長しており、報告書によると登山に参加した35人のうち、15人が独標に着く前に、10人が独標で初めてガスを観察したとあるからだ。ただし、このとき、事前に入手した天気図から「今日は大気が不安定で雷雲が発生しやすい」という情報がないと、この程度の雲やガスで引き返そうという判断にはならないだろう。その点でも事前に天気図を確認することは大切になる。

さて、ここから先は、雷に襲われたときに逃げ場のほとんどない稜線となり、危ないと判断した際には即座に引き返すことが求められる。報告書によると、独標〜西穂山頂間にいた12時ごろから飛驒側からのガスが濃くなって周囲が完全に見えなくなった一方、上高地側は依然として明るくて、谷底はよく見えたとある。前穂高岳や吊尾根、笠ヶ岳はガスでさえぎられていた。

山頂に向かう間にガスはさらに濃くなり、その流れがはじめは飛驒側だけであったものが信州側からも流れるようになったという意見も同行者に多い。これは非常に重要である。通常は槍・穂高連峰の稜線では飛驒側から風が吹くことが多い。上空はたいてい西風が吹いているからだ。それが信州側からの風も混じるということは、信州側の上高地などで日射により温まった空気が山腹に沿って上昇し、特に谷筋では谷風による上昇気流が強まるからである。岳沢も南面で温まりやすい

写真７－２　事故が起きた独標～西穂高岳間の険しい稜線。重太郎新道より（写真＝萩原浩司）

ことから、岳沢から西穂沢、天狗沢など沢筋を中心に上昇気流が強まって、そちらからの風が強まっていることを示している。飛騨側の空気のほうが冷たいので、信州側からの温かい空気が飛騨側の冷たい空気の上を乗り上げて上昇気流がさらに強まり、雷雲の形成につながる可能性がある。このように、風の変化は今後の天候の変化の予測において非常に重要で、ガスによって視界が失われつつあるなかではなおさらである。

こうした状況のなか、一行は独標で待機した一部の学生を除いて前進を続け、西穂高岳山頂に到着した。報告書によれば、山頂到着の直前に一粒の雨が落ちるのを感じたという人が同行者のうち５人いる。また、山頂で休憩している12時35分ごろ、大粒の雨が降りだした。そのため、一行は教師の指示で雨具をつけてすぐに下山をした。

これは正しい判断であると思われるが、できれば隊を8～10人ぐらいずつに分けてそれぞれのリーダー（事例の場合、引率の教員）を決めて、いざというときの判断はリーダーに任せるという方法をとったほうがよかったと思う。狭い岩稜帯では一行全員が避難できるような場所は確保できず、それぞれが少しでも落雷の危険を避けられる場所に避難するほかないからである。

雨が降りだしたあと数分後には本降りとなり、雹が混じっていたという報告もある。大粒の雨や雹は発達した積乱雲に覆われている証拠であり、いつ落雷に遭ってもおかしくない状況であった。そのため、できるかぎり高度を下げるという判断は当然である。ただし、独標までは岩稜帯が続く。まずはポールなどの尖ったものをまとめて置いていき（立てかけてはダメで寝かせて置く）、少しでも落雷を避けられそうなところをグループリーダーは見つけ、後方にいるグループからそこで待機していくのが望ましい。

現在では特小無線や衛星電話で後方のグループリーダーと連絡が取れるだろうが、当時はそうしたものがなく、雨が激しいなかで連絡することは難しかっただろう。そのためにも西穂山頂で落雷に襲われたときの、しっかりとした話し合いと意思疎通が必要であった。今でも山中で携帯が通じる場所は限られているから、集団登山やツアー登山において特小無線は必携である。雷雲が通り過ぎるのに30分から長いときは2時間程度かかるが、とにかく少しでも安全な場所に退避することが

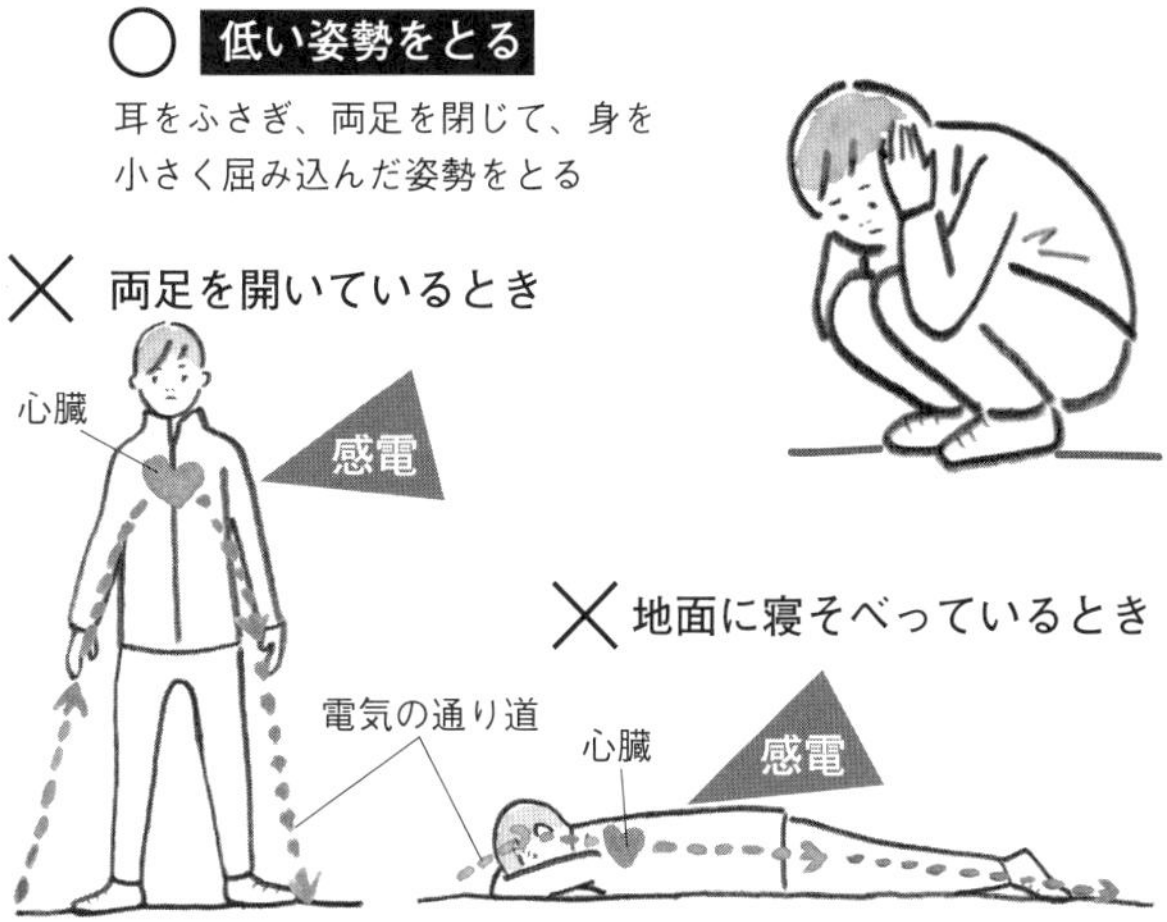

図7－7　雷に遭遇したときにとる姿勢

肝心だ。

一人一人の間隔を最低でも2メートル以上、できれば4メートル以上開けて後方にいるグループから、少しでも安全な場所（低い場所や尖った岩などから離れた場所）に退避し、両足を閉じて両耳をふさぐ姿勢をとるのがよい（図7－7）。それは、姿勢が高いと人体に直撃を受ける可能性が高くなり、両足を開いていると、地面や岩に雷が落ちたときに、それらを伝っていく電流が人体に入ってしまう可能性が高くなるからである。また、両耳をふさぐのは落雷時の大きな雷鳴により、鼓膜が破れることを防ぐためである。

西穂山頂から下っている一行が大粒の雨に打たれているとき、独標に残っていた生徒たちは上高地側で5秒の距離（雷光の5秒後）に雷鳴を聞いたらしい。彼らは独標までの登りで疲労などのため本隊から離脱して、ここで本隊が戻ってくるまで待機することになっていた。ただし、落雷の危険や天候が急変したときは西穂山荘に戻るよう、教員から言われていた。

独標で待機している間、濃いガスに包まれたりして天候を心配していたが、独標に上がってきた別の登山者数人に聞いてみたところ大丈夫という返事をもらい、ほかの生徒たちが集団で山頂に向かっていくのを見て安心したらしいが、この雷で急に下山を決意した。これは正しい判断と思われる。ほかの登山者やガイドの「大丈夫」を絶対に信じてはならない。天気のことは誰にもわからないからだ。自分が事前に入手した天気図と周囲の雲の変化や風の状況から判断すべきことである。残念ながら本隊はこの雷を聞いた人はいなかったようで、そのまま集団での下降を続けてしまった。そして、この雨はいったんやみ、20分ほどは薄日も射すなど小康状態が続いた。

この雨のやみ間で絶対に安心してはいけない。雷雲や入道雲は成長と衰弱を繰り返しながら一気に成長することがあり、最初の雨は先駆けにすぎないことがある。また、大粒の雨や雹は発達した積乱雲から落ちてくるため、いつ雷が発生してもおかしくない状況なのである。実際、2002年8月2日に発生した塩見岳〜三伏峠間の落雷事故のときも、登山者は落雷の1時間ほど前に遠雷を聞いており、落雷の10分ほど前に先駆けの大粒の雨が降りだしている。このときはやむことなく、数分後に本降りの雨に変わった（羽根田治『ドキュメント気象遭難』より）。

さて、ピラミッドピークを過ぎるころに再び強い雨が降りだし、続いて小豆粒大の雹が降りはじめた。みるみるうちに岩の間にたまり、雨も雹も強風を伴った激しいものだったらしい。また、波状的に強くなったり弱まったりする特徴的な降り方だった。これも発達した雷雲から降る雨の特徴だ。風は積乱雲から吹き降りる激しい下降気流が地面に達して発散したものと思われる。

先頭を歩いていた一行のリーダーが落雷のリスクを認識したのは、ようやくこのときであった。リーダーは明神岳方向に最初の雷光を感じ、雷鳴までの時間を5〜6秒と観察した。このときリーダーは独標からひとつ西穂山頂寄りのピークにいたこともあり、「まだまだ遠い、この間に独標を通り過ぎよう」と思ったという。雷が光ってから5〜6秒後の雷鳴は非常に近い距離である。10秒以内であれば約3キロ以内であるから、いつ被雷してもおかしくはないと思わなければならない。

また、雷鳴や雷光などの現象が起きずに、いきなり落雷することもある。雷鳴がしたら、たとえそれが遠くであったとしても、すぐにでも、少しでも落雷のリスクが少ない場所を探して避難すべきである。このときは集団で行動しており、ほかの登山者も含めて渋滞している状況下では難しかっただろう。それでも少しでもリスクを減らす努力を続けなければならない。こうした状況下に陥ったら、前述した姿勢をとり、一人一人の間隔を可能な限りあける指示を出すべきである。

その後、グループの先頭が独標を乗り越そうとしたとき、今度は真上近くで雷光を感じた。空全体が明るくなったように感じ、続いて1〜2秒後、大きな雷鳴を聞いた。それから数秒後、独標下りの鎖場にリーダーがさしかかったところで事故が起きた。13時30分から13時40分のことと思われる。このときの一行の位置は西穂山荘寄りの鎖場付近を先頭に、独標頂上を越えて西穂高岳山頂に向かう鞍部の先まで、40人ほどが連なっている状況であった。落雷による被害は、独標の北斜面と鞍部の間に集中していた。また、落雷のショックで4人が信州側に、6人が飛騨側に転落した。岩稜帯で両側が切れているような場所では、落雷のショックによる転・滑落も致命傷となることがある。

③松本深志高校の落雷事故が与えた教訓

この事故からの教訓は以下のとおりである。

1　岩稜帯では落雷から逃げられる場所が少なく、その衝撃による転滑落のリスクも大きいことから、岩稜帯に入る前に観天望気や事前の天気図などから落雷の発生リスクを想定し、少しでもリスクがあるときはそこで引き返すこと。

2　登山前日や山中で、携帯などから入手する天気図から雷が発生しやすい気象状況かどうかをチェックしておくこと。

3　落雷から身を守れる場所を事前に地形図等からチェックし、退避行動を想定しておくこと。

4　雷が接近しているとき、また発生のリスクが高いときは、集団行動はなるべく避け、できるかぎり少人数に分かれて行動。さらに一人一人の間隔を4メートル以上空けること。

5　周囲にもくもくとした雲が成長をはじめ、入道雲に成長しつつあるときに稜線がガスに覆われ

写真7－3　独標の先から見た西穂高岳への稜線（写真＝小林千穂）

たとき、あるいは視界が利く場合は入道雲の雲底が黒くなりはじめたときに、落雷のリスクが高い。

6　槍・穂高連峰では飛騨側からだけでなく、信州側からも風が吹きはじめたとき（ほかの山の場合には、それまで一方向から吹いていた風が急に変わったとき、あるいは交互に吹くようになったとき）に積乱雲が発達するリスクが高い。

注1　西穂高岳（2909メートル）の南側にあるピーク。標高2701メートル。
注2　西穂高岳の南側、標高2367メートルにある通年営業の山小屋。

第8章

突風による遭難を防ぐシミュレーション

突風による転滑落事故

えらそうなことを書いている著者も、恥ずかしながら過去に気象遭難を起こしたことがある。1993年11月末に富士山の山頂付近で突風により滑落し、左足首を複雑骨折するなどの重症を負った。事故が起きる瞬間までまったく予想しなかったことであった。それは、自分に襲いかかるリスクについて想定できていなかったということだ。

突風による転滑落の事故は、直前までそのリスクを想定できていない登山者もいる。確かに、常時吹き続ける強風や、低体温症による気象遭難に比べて予測が難しい気象現象である。しかしながら、突風は周囲で強風が吹いているときに発生するケースが非常に多く、それは登山前に入手する予想天気図のほか、レンズ雲の存在など観天望気からもある程度わかることがほとんどだ。

また、地形的に突風や旋風が起こりやすい場所も地形図などからある程度、推測できる。ここでは、私が起こした富士山での滑落事故をもとに、どのようにリスクを想定すべきだったかを考えていきたい。

突風による遭難の事例

事例4……1993年11月26日　富士山

1993年11月26日、富士山で冬山訓練合宿を行なっていた中央大学山岳部のうち、本隊と分かれて屛風岩尾根を登攀していた3年生パーティ2人が富士山の白山岳山頂直下で滑落。両名ともに重症を負い、1人は自力で下山を開始したが、途中で動けなくなっているところを仲間に発見され、現場にいた他大学の山岳部の協力もあって救助された。一方、現場に残された著者は丸一日ビバークの末、翌27日昼ごろに山岳部OB会と山岳部員に発見され、彼らと山梨県警察、地元の遭難対策協議会の隊員らによって救助された。

①登山前に想定すべきこと

まず、気象上どのようなリスクが想定されるかについて、そのときの天気図から見ていきたい。

当時は、予想天気図が気象庁のホームページで公開している時代ではなかったので、ラジオの気象通報からおこした天気図から翌日の気圧配置を予想したり、前夜のＮＨＫで放送された天気予報で発表される翌日の予想天気図を見て判断していた。風の強さは等圧線の間隔を見るのが一般的だ。等圧線の間隔が狭いほど風は強く吹く。

私は気象の講習会で「東京―名古屋間、東京―仙台間の約３００キロの間隔を目安にするといい」と言っている。等圧線の間隔がこれより狭いときは森林限界を超える場所や、開けた尾根上では強風になると思われる。ただし、富士山のように高い山では、等圧線の間隔が広がっていても風が強まることがある。そのようなときは高層天気図を見るのがよいが、慣れない天気図を見るより確実なのは、雲を見ることである。レンズ雲（１１７ページ参照）や笠雲、旗雲が現われたり、雲の流れが速いときは上空で強い風が吹いている証拠である。また、冬季においては雪煙のたなびき方からも想定できる。

このときは事前におこした天気図から「まずまずよい天気になる」と思ったのを覚えている。風についても、出発時に山頂方面を確認したときに雪煙が上がっていなかったことや、レンズ雲などの特徴的な雲が出ていなかったことから特に注意を払っていなかった。むしろ、屏風岩尾根という脆い岩稜帯に対する意識のほうが強かった。凍結して岩が固まっている時期とはいえ（当時の11月末は現在の12月中旬ごろの積雪量、気温に該当する）、落石などに対する注意が必要だったからだ。

吉田大沢のなかは風が弱かったものの、屏風岩尾根に取り付いてからは西からの風が強く、時々

写真8－1　雪煙舞い上がる富士山吉田大沢

バランスを崩し、耐風姿勢（注1）をとりながらの前進となった。当時の富士山測候所の観測データによると、24時間の平均風速が16メートル、最大風速が20メートルとなっている。

屏風岩尾根の難易度はⅢ級以下で、岩場に慣れているパーティならばロープを使う必要もないようなルートである。このときもロープの必要性を感じず、それを出さずに登攀していた。ロープを出すことによってスピードは落ち、登攀に時間がかかる。天気が明らかに悪化する可能性があるときは、スピードを重視したほうがよいこともある。ただし、それはロープがなくても確実に歩行できる技術がなければならないし、足を一歩一歩、慎重かつ確実に置く体力と精神的な余裕がなければならない。当時の私たちは3年生になっており（山での経験としてはまだ非常に未熟であるが）、屏風岩尾根をロープなしで確実に登る体力や技術はあったと思っている。

　ここでロープなしで滑落するリスクと、天候悪化に捕まるリスクのどちらが大きいかということを考えなければならない。避けて通れないリスクが複数立ちはだかるとき、より生命に関わる重大なリスクを優先させるべきである。今回の場合は、ロープなしでも確実に歩行できる技術があると考え、スピードを優先させることにした。しかしながら、突風による滑落のリスクは想定していなかった。

　傾斜が強い部分は過ぎて、山頂直下に差しかかった。「もうひと息だ」と思ったのを覚えている。ここで尾根をそのまま山頂に抜けるか、吉田大沢側をトラバース（注2）してから山頂方面に抜けるかというふたつの選択に迫られた。風がさらに強くなったので、トラバースすることを選んだ。単純に尾根上より、沢のなかを歩いたほうが風の影響が小さいと判断したからだ。沢のトラバースは雪崩のリスクがあるが、初冬の富士山ということもあり、積雪量は雪崩を起こすほどではなかった。したがって、雪崩のリスクは除去してよい状況であった。

　吉田大沢に入った途端、風が弱くなった。それで一瞬、気が緩んだのかもしれない。その後は記憶が定かではないが、体が空中に巻き上げられたような気がした。そして気づくとものすごい勢いで凍結した吉田大沢を滑り落ちていた。

このときの状況については拙著『山岳気象予報士で恩返し』（三五館）や、神長幹雄著『運命の雪稜』（山と溪谷社）に詳しいので、ここでは事故の原因についてのみ考察する。おそらく、富士山特有の旋風と呼ばれる、つむじ風のような突風に2人とも巻き上げられて滑落したのではないかと思われる。

事故当時、私たちは旋風についてまったく認識しておらず、事故後に富士山ではこうした風が吹くことを知った。私の山岳部の先輩で国立登山研修所の所長を務めた渡邉雄二さんも富士山で旋風に数メートル巻き上げられた経験がある。吉田大沢など、沢状の地形においては風の流れが複雑になり、旋風が起こりやすいといわれる。また、西風が非常に強い状況下では風下側の御殿場口や須走口においても旋風が起こりやすい気象状況となる（図8－2）。そのリスクを考えていれば、安易に吉田大沢をトラバースするという選択にならなかったのではと思われる。風が強かったとはいえ、なんとか尾根通しに山頂まで行けるレベルの風ではあったから、尾根通しに進む、あるいは強風のリスクを考えてそこから引き返すという判断もあったであろう。

1年生のとき、同時期の富士山のお鉢回りで体を何度も持っていかれた経験からすれば風はそこまで強くなかったし、ほかの山でももっと強い風を経験したことはあった。翌年3月に槍・穂縦走を控え、上級生が少しでも岩稜を歩く経験をしよう、という計画であったから、技術的にも容易な屏風岩尾根で敗退なんてできない、という思いも頭にあったと思う。

冬富士の山頂直下での滑落であることから、助かったことは奇跡であるが、このときに死んでいたら今こうして振り返ることもできなかったわけである。山は本当に怖い。一瞬の判断ミスや不注意が生死に直結することがある。初めて犯したミスが最後のミスになってしまうことがあるのだ。それがほかのスポーツと圧倒的に違うところである。

幸い2人とも助かった。それには次の要因があるだろう。まず、山岳部員及び駆けつけてくれたOBが冬富士を捜索するのに十分な体力、装備があり、天候もそこまで荒れなかったこと、そして確実な搬送技術を有していたことである。

最近は救急車代わりにヘリコプターを頼む登山者が多くなり、携帯電話が通じる範囲も広くなったことから、たいしたケガでなくても安易に救助を依頼する人も増えているという。しかしながら、天候が悪かったり、風が強いときはヘリコプターによる救助は無理だ。そのようなときに、人力で救助できる技術、体力があるかが遭難者を救助できるかどうかの分岐点になる。私が仲間に発見されてから、彼らがザックやツエルトを使って手作りの搬送シートを作る手早さは見事なものだった。そのとき、それまではいつも口うるさいと思っていた先輩たちを心から尊敬したものだ。そして、自分もこうでなければならないと思うようにもなった。

また、当時の11月末としては気温が高かったとはいえ、山頂の気温はマイナス10度C以下、風速20メートル前後のなか、私が山頂直下でツエルトも化繊の下着もフリースなどの中間着もなく（滑落時にそれらを入れたザックを落としてしまったので）、24時間のビバークに耐えることができたのは、それまでの富士山山頂でのビバーク訓練や、マイナス20度C以下の酷寒のなかで体験した八ヶ岳・横岳山頂直下でのビバーク体験が大きかった。また、体力、精神的に余裕があったことも

図8－1

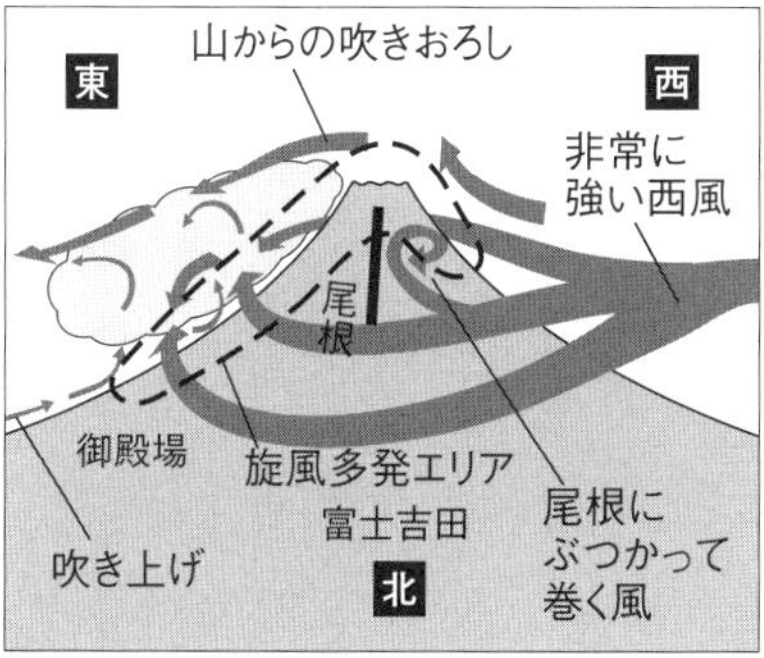

図8－2　富士山の旋風の仕組み

生き延びられた要因のひとつだろう。最後に自分を守ってくれるのは体力であると、このときに痛感した。体力が衰えた今だったら、簡単に死んでいるかもしれない。

注1　突風が襲ってきたときに風の吹いている方向に体を向け、両足を踏ん張って腰をかがめて頭を下げ、ピッケルと両足が二等辺三角形になるような体勢をとって風に飛ばされないように耐える姿勢。

注2　斜面を横切って進むこと。斜面を横断すること。

第9章

海の天気のはなし

知床半島一周カヤックツアー

この章では山から離れて、私のシーカヤックの経験から海の天気の話をしよう。マリンスポーツとはまったく縁のなかった私だが、以前、新谷暁生《しんやあきお》さんの知床半島を一周するシーカヤックツアーに参加した。新谷さんは1947年札幌生まれ。登山家であり、世界的なシーカヤッカーでもある。知床半島を一周するカヤックツアー「知床エクスペディション」の主催者、ニセコ雪崩事故防止協議会のニセコ雪崩調査所所長をやりつつ、ロッジを経営している。

ひと言で表わせば、真の冒険家だ。山でも海でも常に挑戦を続け、そして平地においてもニセコのスキーヤーや知床のカヤッカーの安全のために、あるいは、北海道のアウトドア産業の発展のために、お役所や既得権益を守ろうとする人たちと闘い続けるファイターであるとも言える。とてもここですべてを紹介しきれないので、ぜひ、彼の著書『北の山河抄』（東京新聞出版局）や『アリュート・ヘブン』（須田製版出版部）などを読んでいただきたい。

そう、私は彼の大ファンなのである。数年前に札幌で山岳気象の講演をしたときに、どうしても会いたくて、彼の経営するニセコのロッジまで足を運んだことがあった。ドキドキしながら家の周りをウロウロしていると、ロッジの屋根で大工仕事をしているオッチャンがいる。「おう、猪熊さんか。ちょっと待っていてください」と低音のハスキーボイスで声をかけてくれた。世界各地の山や海での激しい冒険が刻まれたかのような日焼けした顔、それでいて人のよさがにじみ出ている。笑うと少年のような、いたずらっ子の顔になる。

失礼ながら、言葉づかいが粗そうなイメージだったが、年下の私に敬語を使う。話をしてみると人間くさいオジサンで、彼の話にどんどん引き込まれていった。そのとき新谷さんが、「俺、知床でシーカヤックのツアーをやってるんだ。よかったら来てください」と言ってくれた。「シーカヤックなんてまったくやったことがないド素人なんです」と言うと、「大丈夫、大丈夫！　俺のツアーは初心者にも来てもらっていますから。むしろ初心者に海のすばらしさ、カヤックのおもしろさを伝えたいんだ」と笑って言った。

私は、当時、慢性骨髄炎を患っており、とてもカヤックなどできる状態ではなかったが、その言葉がずっと頭に引っかかっていて、「あり得ないことかもしれないけど（注１）、万が一、骨髄炎が治ったら、知床に行こう。新谷さんのシーカヤックツアーに参加しよう」とひそかに思ったものだ。

ところが２００９年に世界的な名医と出会って、非常に難しい14時間にわたる手術を受けた結果、その万が一が起こり、私の慢性骨髄炎は治った。術後、１週間は痛みと苦しさにのたうちまわった、過酷な手術ではあったが。２０１６年現在も再発していない。昨年末に診察してもらったとき、先生は「ほぼ完治だね」と太鼓判を押してくれた。ツアーに参加できる体になったのだ。しかしながら「知床エクスペディション」は8泊9日のツアーである。会社を立ち上げたばかりで、とてもそんな長い休暇をとる余裕がないと半ば諦めかけていた。新谷さんは「今年で最後にするかもしれない」といっている。いつまで知床の海を漕げるのかは自分との未知なる闘いで、新谷さんにとってもその日がいつ来るのかわからないのだ。

知床半島一周のシーカヤックツアーに「エクスペディション」とつけているのは、ツアーの厳しさを物語っている。知床半島は北海道の東側に位置し、海に長く突き出た半島である。半島がオホーツク海と太平洋を分けており、その両側で海や気象の状況がまったく異なることも多い。特に知床岬を回り込むところは気象の変化が激しく、それ以外にも「ルシャだし」と呼ばれる強風が吹く場所やペキンの鼻、カブト岩、観音岩という難所が続く。

ひとりで何度もアリューシャン列島の海を漕いだり、関野吉晴氏のグレートジャーニーをサポートして南米パタゴニア、ビーグル水道、マゼラン海峡を漕いできた新谷さんでさえ「知床の海は世界一厳しい」と言うほどのところ。それを初心者同然の私たちを先導して漕いでいく、それはまさに「エクスペディション」以外のなにものでもないだろう。

近年、新谷さんは、そんな知床を漕ぐ体力がなくなってきたとブログに書くようになった。本当に今年が最後になるかもしれない。

２０１５年3月、北アルプス立山連峰の大日岳で行なわれた国立登山研修所の大学生登山リーダー冬山研修会において、谷口けいさん（注2　以下、けいさんと呼ぶ）と一緒になった。彼女は実技講師として、私は講義講師として毎年、この研修会で顔を合わせる。

この研修会は、私にとって約1週間自宅を離れ、山のなかに入れる、一年で唯一の機会である。また、魅力的な講師の先生方と会えること、前大日岳〜大日岳の稜線で空を好きなだけ眺められること、雲と対話ができること、吹雪や樹氷など思いもかけない景色と出会えることから、心待ちにしている山行だ。なにより大日岳は、私がもっとも経験を積ませてもらい、悔しさを味わい、感動も与えてくれた、大好きな劔岳が非常に均整の取れたピラミダルな形に見えるのもすばらしい。それだけでなく、自分たちの仲間や後輩を守りたい、一人前の登山者になりたい、という強い意欲を持って参加する学生からもエネルギーをもらえる貴重な機会でもある。

さて、けいさんが２０１4年夏に新谷さんのシーカヤックツアーに参加したと聞いていたので、研修会の期間中、そのことについて聞いてみた。彼女の「すごくよかったよ。絶対行きなよ」というひと言で私の心は決まってしまった。幸い社内で気象予報士が育ち、ある程度の仕事を任せられるようになってきた。今年だったらなんとか行けるかもしれない。出発までに彼女から何度かメールなどでアドバイスをもらい、初心者の自分がやるべきこと、装備等を確認してツアーの準備を進めていった。何とか休みを調整して2回ほど西伊豆の松崎でシーカヤックを体験し、２０１５年6月下旬、いざ知床へ出発したのだった。

中標津《なかしべつ》空港でほかの参加者と合流。今回の参加者は全部で6人。ひとりは、私が誘った島田さん。山の天気ハイキングや机上講座にもよく顔を出してくれる。60歳代とは思えないほど元気で明るく、好奇心旺盛で、いろいろなことにチャレンジし続けるアクティブな人だ。ほかの参加者もみな、魅力的な人たちで、すてきなメンバーに囲まれて本当に幸せな8泊9日間だった。

危険な目にも遭った。ツアー5日目。いよいよ核心のひとつ、知床岬を越える日だ。緊張感が高まるとともに、気持ちの高まりも感じる。風はそこそこあり、沖に目をやると波立っているのがわかる。ここから見るかぎりでは越えられそうな感じであった。ただし、岬の反対側の状況はわからない。それに、時計の気圧計が変化しているのが気になっていた。岬の先端にある灯台が見えてきて、いよいよ岬を越えるというとき、急に向かい風が吹いてきた。とても強い風だ。急激な変化に驚く間もなく、新谷さんから「戻るぞ。急げ」と声がかかった。

しかしながら、ほかのふたつのタンデム艇（2人乗りのカヤック。わかりにくいので沖側にいる

写真9－1　いざ出発！　今回のツアーのメンバーと

カヤックをA艇、A艇と私たちの艇の間に位置するカヤックをB艇としよう）が私たち（私は島田さんとタンデム艇に乗っていた）の艇に押し寄せてくる。私たちの艇はほかのカヤックに押される形で岩に押し付けられ、そこで止まった。

まずは、一番沖にあるA艇を引き離さなければ、B艇と私たちの艇は身動きがとれない。とっさにカヤックの経験が豊富なB艇の女性が岩に乗り移り、A艇を引き離しにかかった。それでなんとかA艇は脱出に成功した。次はB艇である。私と島田さんも手やパドルを使ってB艇の脱出に全力を挙げた。結果、B艇も脱出に成功したが、私たちはポツリとその場に取り残された。

風はますます強くなってくる。「このままではヤバイ」そう思って、私もB艇の女性にならって艇から岩に飛び移り、艇にいる島田さんとともに、必死に艇を岩から引き離そうとした。それでなんとか脱出に成功したが、あとでシーカヤックのガイドをやっている女性に「あれは危なかったよね。岩がなかったら沖に流されていたし、ほかに方法がなかったかもしれないけど、岩に飛び移るときに、艇と岩の間に挟まれたら終わりだからね」と言われて、「ああ、そういえばそうだな」とリスクに対する認識が甘かったことに愕然とした。「怖いもの知らず」とはよく言ったものである。

話は変わるが、今回のツアーで非常に役に立ったものがある。それは、私がアンバサダーを務めるカシオのプロトレックという時計だ。気圧、気温、高度などが計測できる、登山者にとってはおなじみの時計であるが、私は初代から愛用しており、ヒマラヤ登山にも何度も持っていっている、大切な相棒である。

プロトレックの開発アドバイザー兼、アンバサダーを務める竹内洋岳《ひろたか》さん（注3）の紹介で、私も開発アドバイザーを務めることになり、気圧計の有効な活用についてアドバイスをさせてもらった。その結果、気圧変化の傾向から天候が荒れる可能性が高いときや、高気圧や低気圧が通過したときにそれぞれの特徴を示したマークを表示させ、音声でも知らせるアラーム機能を提案し、採用された。ただし、登山中は高度が変化するのでこの機能を使うことができない。山中では山小屋や幕営地など高度が変わらない場所に着いたときに、この機能をセットし、翌朝確認するという利

写真9－2　知床らしく、滝の下を漕いでいく

用方法になる。それでも夜間の気圧変化から、翌朝、行動を開始するときの判断材料となり、重宝しているが、今回のシーカヤックツアーでは、ずっと海抜ゼロメートルを移動するので、夜間だけではなく、24時間使用できる。したがって、この機能がいっそう活躍した。

今回のツアーに参加して痛感したのが、海では、わずかな気圧の変化が波や風に影響を及ぼすこと。山では風速が毎秒2～3メートル変化しても大した影響はないが、海ではそのわずかな差が大きく影響する。風が少し強くなると、向かい風のなかでは前進速度が遅くなり、逆に追い風だと陸から離されて戻れなくなってしまう可能性がある。また、風によって波が高くなり、横波を受けると沈（転覆）する可能性もある。さらに、風が強いと波が高くなるので上陸も難しくなる。知床では砂浜がほとんどなく、ゴロタ浜と呼ばれる大きな岩が積み重なった場所が多いため、波が高いと、艇から降りるときに艇と岩に挟まれてケガをしたり、艇が損傷してしまう可能性も高まる。

そのわずかな風の変化は、地上天気図から読み取ることはできない。山では天気図から等圧線の間隔を見ていくことによって、強風を想定することができる。海においても、もちろん等圧線の間隔が狭いときは、強風とシケが予想できるが、そのような状態ではとても漕ぐことができない。そうした予想も重要だが、初心者を含む私たちが進むことができるかどうかの判断には、もう少し微妙な変化を予想することが必要だ。

それに役立ったのがプロトレックの気圧計の変化だった。もともと、センサーの性能のよさから気圧、高度計の精度が高いことで知られているプロトレックだが、今回はそれを実感することができた。具体的には、気圧の変化が起きたあとに風や波が変化していき、それが事前にリスクを認識させてくれる一助となった。気圧計をここまで真剣に利用するのは、フィールドでは初めてである。2～3日気圧の変化と海の状態の関係性を調べていくと、驚くほどの相関関係があり、わずかな気圧変化から、その後の風や波の状況をある程度、推測できるようになった。

海は風を観測するのによい場所だが、同じことが山の稜線でもいえる。風は地形の影響を強く受ける。たとえば、建物があると風は向きを変えたり、弱まったりする。ビル風は人工的に風の通り道をつくっているようなもので、風がそこに集中するため強まる。

それに対して、海や山の稜線は地形の影響を受けにくい。風の強さや向きの変化は、気象の変化を読み取るために昔から使われてきた観天望気である。例を挙げると、低気圧が自分のいる場所より北側を通る場合には、風向きは南東→南→南西→西と時計回りに変化するし、南側を通過するときは逆に東→北東→北→北西と反時計回りに変化する。これは台風でも同様で、台風が自分のいる場所の左側を通る場合には時計回りに変化し、右側を通過する場合には反時計回りに変化する。台風の右側は危険半円と呼ばれ、左側より風が強まる。そのため風が時計回りに変化するときは、よりリスクが高まるわけだ。

また、第５章で述べたように、気象遭難のなかでもっとも多くの死者を出している低体温症の事故は、低気圧が通過したあとの日本海側の山岳で多発している。低気圧が通過する前の南東や東風が北西や西風に変わると天候が急変することが多い。

山でも海でも風向きを調べるにはプロトレックが便利だ。プロトレックには方位計がついており、時計の12時を風が吹いてくるほうに向けて、右上のボタンを押す。そこに表示されている方角が風向きということになる。腕時計なのですぐに計測できるところがよい。

まさにプロトレックは、腕にはめた「動く気象観測器」。これからも登山者の役に立つ道具として進化させていきたい。

さて、話を戻そう。今回のツアーでは登山の原点をあらためて学ぶよい機会になった。知床エクスペディションでは、「新谷さんルール」とも呼ばれる方法が徹底されている。それは、世界遺産である知床半島の生態系にできるだけ干渉せず、かつ、カヤッカーの安全をできるかぎり確保するためのルールである。ガスは一切持参せず、たき火を使用すること。燃料となる木は必要以上には使わないことなどを徹底している。たき火は知床が世界自然遺産に登録されたときに中止するように勧告された。実際に、浜にあるほとんどすべての流木を燃やし尽くしたカヤッカーなどもいて問題になっていたそうだ。しかしながら、カヤッカーにとってたき火は、生きるためにどうしても必要なものであり、古くからアイヌの人々も使っていた道具である。つまり、海で生活する人間、そしてカヤッカーの文化でもある。新谷さんは粘り強く、各関係機関に訴えてなんとか必要最低限のたき火は黙認するというカヤッカーの権利を勝ち取ったのだった。

新谷さんルールはそれだけではない。漁船や観光船のじゃまにならないように、できるかぎり陸に近いところを通ることを徹底している。沖に出そうになると「もっと岸に寄れ」と注意される。ほかの船との接触を避けることや沖に流されないための安全策でもあるが、時折り交わす漁師たちとの会話からも、新谷さんが地元の人たちとの関係性を重視していることがよくわかった。たき火で作る飯はなぜかおいしい。そして、たき火を囲んで話すと、なぜか心が和み、メンバーとの距離も縮まってくるかのようだ。ツアーの後半になると、昔からの旧友のように打ち解け合う仲になっていく。たき火は沢登りでも必須の技術であるが、私にとっては実に15年ぶりである。たき火が果たす役割は、単に物を温めるだけではないのだなとあらためて思った。

新谷さんと、助手を務めるユキさんが作る食事は絶品だった。山で食べる飯は食べられればいいとあまりこだわってこなかった私にとって、毎日毎食おいしい料理とコーヒーが出てくる山旅はしたことがない。やはり食事を手早く、うまく作れるのは格好いいし、おいしい飯を食べられるのは、山や海での大きな楽しみのひとつであることを痛感させられた。

また、テントで寝泊まりするという経験も本当に久しぶりで、心地いいものだった。最近は、個人で山に行く機会がほとんどなく、ツアーや研修会で行くことが多いので、山小屋などの宿泊施設に泊まることがほとんどである。それがいきなり8泊9日テントの旅。なんという贅沢だろう。ワインをすすりながら、オレンジからピンクに染まっていく空のグラデーションを見ていると、心の底から幸せだなあと思える。

波の音を聞き、そしてちょっとヒグマにおびえつつ眠りに落ちていくのも、仕事のことを忘れてこのエクスペディションに集中するということも、何もかもが気持ちいい。便利なものが溢れている世のなかで、なるべくシンプルに自然からの恵みをもらう、そしてそのことが自然に対する洞察を深め、リスクに対する感覚を養っていく。そんな登山、いやアウトドアの原点を久しぶりに感じとることができる、本当に楽しい旅だった。

注1　慢性骨髄炎は、部位や及んでいる範囲にもよるが、完治が難しい症状で、私の場合も何カ所も病院をまわったが、どこも完治は無理とはっきり言われた。２００９年に帝京大学医学部附属病院で手術を受け、２０１６年現在、再発していない。現在は登山やマラソンも再開している。当時の闘病生活の様子や、病気がきっかけで気象予報士を志したことなどは『山岳気象予報士で恩返し』（三五館）に詳しい。

注2　本名・谷口桂（享年43）。登山家（と呼ばれるのは、本人は嫌がるだろう。山と旅と人をこよなく愛し、常に興味を持ったさまざまなことにチャレンジをしていく、周囲に影響を及ぼすカリスマ的な女性）、アドベンチャーレーサー。２００８年、カメット未踏ルート南東壁初登攀により、女性としては世界初となる第17回ピオレドール賞受賞。

注3　プロ登山家。日本人で初めて８０００m峰14座すべての登頂に成功している。私は10座目のガッシャーブルムⅡ峰から彼に気象情報を提供している。

第10章

観天望気は山で学べ

気象遭難を防ぐ観天望気

「山の天気ハイキング」「空見《そらみ》ハイキング」という、実際に山に登って天気を学ぶ講座を旅行会社や山岳交通機関などの主催でやらせてもらっている。それは、そうでもしないと私が山に行けないということは置いといて、観天望気や山岳気象は山で学ぶのがいちばんだからだ。もちろん、平地や机上で学べることもたくさんある。机上講座のほうが参加費も安く、都市部で開催するので参加しやすいというメリットもある。そのため、机上講座の参加者数のほうが多いのだが、机上で学べることはどうしても限界がある。この本を書くにあたって、過去の気象遭難について調査した。その結果、あらためて認識させられたのは観天望気の重要性だ。特に、最近増加傾向にある局地的な豪雨や落雷による気象遭難を防ぐには観天望気の技術が欠かせない。

落雷のリスクや突然の豪雨を予想するうえでの観天望気の重要性は第5章でも述べたが、２０１６年4月30日から5月1日にかけて北アルプスで相次いで発生した遭難事故や、２０１２年5月の、やはり北アルプスで相次いだ低体温症の事故においても、天候悪化を知らせる前兆の雲が現われている。２０１６年4月30日には天気が悪化する前に、写真10-1のようなレンズ雲や山岳波による雲が出現していて、２０１２年５月４日においては、白馬岳や立山連峰などの主稜線は中腹以下で青空が広がった時間帯にもベッタリとした雲が張り付いていた。

写真10－２は別の日に、八方池山荘から白馬三山方面を撮ったライブカメラの画像であるが、２０１２年５月４日の事故のときと同じように、中腹以下では晴れているものの白馬三山は雲に覆

写真10－1　燕山荘から見た燕岳と遠くに浮かぶレンズ雲（写真提供：燕山荘）

写真10－2　八方池山荘から見た白馬三山にかかる雲（写真提供：白馬村振興公社）

写真10－3　写真10-2に比べて雲が厚みを増している（写真提供：白馬村振興公社）

われている。このような山に張り付いている雲が徐々に少なくなっていくときは回復傾向にあるが、雲が厚みを増していくとき（写真10－3）はその後の天候悪化を疑ったほうがよい。

観天望気に適した場所は、空が広く開けた場所、そして山の上である。星や天体の観測に適した場所と基本的には同じだ。それは、都市部では建物が多く、空が開けているところが少ないし、自動車の排気ガスや工場などからの排出物などによって空気が濁っているからだ。また、V字谷の山深い峡谷や森のなかは、空気は澄んでいるものの空が開けていないため、残念ながら適さない。

そして、平地よりも山の上のほうが適しているのは、平地の場合、雲を下から観察することになり、断面的に見られないし、山の斜面で起きる上昇気流による雲の発生、下降気流による雲の消滅が見られないなど、雲の変化が山に比べて乏しい。それに比べて山では気象変化が激しいことから、地形による雲の発生や風の変化を体験的に学ぶことができ、高い山では雲を立体的に見ることができる。したがって、観天望気を学ぶのには見晴らしがよく、高い山がいちばんということになる。

さて、観天望気といってもその方法はいろいろだ。雲の量や形、種類の変化や雲の動きなどからその後の天気を予想するのが一般的だが、それだけではない。風の向きや強さの変化も重要だし、気温の変化やにおい、ジメっとした感じがするなどの感覚的な変化、たとえば「ツバメが低く飛ぶと雨」など、いつもと異なる動きをする生物の様子から判断する方法も昔から使われている。

つまり、観天望気とは五感をフルに活用する技術だ。コンクリートジャングルのなかで生活している私たちにとって、五感をフルに活用する機会は失われてきている。そうしたなかで、観天望気は五感を使うことができる貴重な機会にもなる。さらに、登山の新たな楽しみや喜びを提供してくれる。五感を研ぎ澄ますことによって、それまで見えてこなかった自然のさまざまな姿が垣間見られたり、動物や鳥を見つけたりといった、思わぬ発見があるからだ。

さて、楽しい観天望気だが、いざやってみようとすると案外難しい。同じような雲が現われても天気が悪化する場合もあるし、回復する場合もある。また、ある山では通用しても、別の山では通用しないこともある。観天望気について書かれた本もたくさんあるが、ピンとこない人も多いだろう。それは「こういう雲が現われるとこうなる」という絶対的な法則性がないからだ。

観天望気でもっとも大切なことは、雲と風の変化から今後の天気を予想することである。それには観天望気に熟達し、山岳気象に詳しい人や、その山に精通した山小屋の管理人、スタッフ、山岳警備隊や山岳救助隊などから教わるのがいちばんだと思う。

私は数年前からヤマケイ登山教室などで「山の天気ハイキング」を実施していて、すでに50以上のツアーを催行し、参加者も延べ５００人を超えている。

観天望気ハイキングBEST3

観天望気を学ぶための登山やハイキングを実施するときに考えるのは、見晴らしがよく標高の高い山であること。特に、周囲に高い山がないほうが広い範囲の雲の変化を見ることができる。また、標高が高くなくても、海に近い山は雲や風の変化が大きく、地形によって気象が変化することが多いため、観天望気の勉強に適している。これまでに観天望気ハイキングを行なったツアーのなかで、もっとも観天望気を学ぶのによかったと思われるＢＥＳＴ３を発表しよう。ただし、ツアーの印象によっても順位は左右されると思われる。そのあたりを了承のうえ、参考にしていただきたい。

第3位　谷川連峰・仙ノ倉山

宿泊のツアーでは唯一2回行なっている。それだけに私のお気に入りのコースである。初めて訪れたときは「こんなによい場所ならもっと早く来ればよかった」と心底思ったものだ。山麓のブナ林と清流、マッチョの元気なお兄さんが迎えてくれる居心地のよい山小屋、足元一面に花が咲く楽園のような平標山～仙ノ倉山の稜線、越後側（新潟県側）、上州側（群馬県側）両方に開けた展望。

まさに稜線漫歩を楽しめるコースである。谷川岳は「魔の山」と呼ばれ、世界でもっとも多くの遭難死亡者を出している。しかし、そのほとんどは一ノ倉沢や幽ノ沢といった岩壁からの転滑落死で、天神尾根など一般登山道での遭難者数は少ない。そういう私も烏帽子沢奥壁ディレティシマというルートで転落したことがあり、幸い、パートナーが止めてくれたものの、かなりランナウトしていたため、墜落距離が大きく危うい経験をした。

さて、谷川連峰は気象の変化が激しい山である。それは日本海と太平洋の分水嶺をなしているからだ。「国境の長いトンネルを抜けると雪国であった」というフレーズであまりにも有名な川端康成の『雪国』。国境の長いトンネルとは、新潟・群馬県境にある谷川岳の直下をくぐり抜ける清水トンネルである。現在は在来線を使って東京と新潟を行き来する人はほとんどいないだろうが、上越新幹線の大清水トンネルも谷川岳の下を貫いている。冬に東京から新潟に向かうとき、トンネルの手前である群馬県の高崎までは雪がなく、空もカラッと晴れている。しかし、トンネルを抜けた越後湯沢や魚沼盆地では背丈をはるかに超える積雪があり、吹雪いていることがよくある。最近は温暖化の影響もあって雪解けが早くなったが、4月上旬などに訪れると、魚沼盆地にはまだ積雪がたっぷりあり、トンネルの前後でこうも気候が違うのかと驚かされることが多い。

梅雨の時期は逆に、上州側で天気が悪いときが多く、稜線を挟んで上州側がガス、越後側が晴れといったこともめずらしくない。逆に越後側がガスで上州側が晴れると、日中、ブロッケン現象（写真10－4）が見られるときがある。

そんな天下分け目ならぬ、天気分け目の山であることから、山の天気を学ぶにはピッタリなのである。このコースは日帰りでも可能だが、お天気ハイキングということでゆったりの1泊2日プランで設定した。初日に平標《たいらっぴょう》山登山口から平標山の家で宿泊し、お天気講座。2日目は平標山から仙ノ倉山を往復し、帰りは松手山方面に下る。

今回の引き返しポイントは平標山の家という山小屋。稜線に出たところにあるので、落ち着いて天候判断ができるだろう。次のポイントは平標山直下。天候の悪化が予想されれば同ルートを戻るか、山頂から松手山方面に下るようにしよう。天候さえよければ、ここから仙ノ倉山までの稜線歩きがハイライトとなる。とくに平標山からすぐに下ったところの斜面がすばらしい。突然現われる緑の美しい草原とお花畑に感嘆の声が上がる。山頂で休んだばかりだが、ここでも撮影タイムをとる。谷川連峰の稜線は空が広く、雲の観察にも適している。2013年以来訪れていないが、また絶対に行こうと思っている。

もちろん、谷川岳の天神尾根や西黒尾根からトマの耳、オキの耳までの日帰りコースも気象リスクの判断ポイントが多く、上部では展望が開けていることから、お天気ハイキングによいコースだ。

第2位　燕岳〜蝶ヶ岳

北は餓鬼《がき》岳から燕《つばくろ》岳、大天井《おてんしょう》岳、常念岳、蝶ヶ岳を経て霞沢岳まで、槍・穂高連峰と対峙して南北に連なる山々が常念山脈だ。いずれも個性的で展望もすばらしく、それぞれひとつだけでも十分に魅力的な山だ。しかしながら、連休がとれるときはぜひ、燕岳から蝶ヶ岳まで縦走してみたい。

写真10－4　ブロッケンは山で見られる神秘的な気象現象（写真は北アルプス）

さて、2011年8月上旬に、2泊3日の常念岳〜蝶ヶ岳のツアーを行なった。「山の天気ハイキング」では初めての北アルプス遠征である。初日は一ノ沢登山口から常念小屋まで標高差約1200メートルを登る。途中までは傾斜が緩い沢沿いの道だが、沢から離れて稜線に突き上げるところは急で、ガレ場や崩落地を通過する箇所もある。ここで雷雨に襲われたくはないものだ。そこで、登っている最中、温まりやすく上昇気流が起こりやすい安曇野側で積雲が発達しないかどうかを常に注意しながら歩いた。積雲は雷雲の卵で、これがぐんぐんとソフトクリームのように成長していくと、落雷や局地豪雨をもたらす危険な雲になっていく。

常念山脈では、前線や寒冷低気圧が日本海方面から接近してくるときを除いて、基本的に安曇野側で雲が発達してくるので、主に東側の空をチェックするとよい。幸い、この日は昼すぎになっても積雲の発達は小さく、少なくとも私たちが小屋に到着する時間までは、雷雲に発達する心配はないと判断した。

登山経験がほとんどない女性がいて、最後の登りでバテ始める。こういうとき、男性の参加者は「荷物持ちましょうか？」とやさしい言葉をかけてくれるのだが、頑張れるだけ頑張ってもらう。それは、初心者ほど余分な荷物を持ってきている人が多く、荷物が重いことが登りのスピードや体力の消耗にどう影響するかをわかってもらいたいからだ。それと私が大学一年生のとき、バテて先輩や同期に荷物を割り振ってもらったことがあったが、そのときの非常に悔しかった思いが忘れられないこともある。疲れきって目的地に着いてもまったく充実感はなく、ただただ情けなくて、申し訳なくて、悔しかった思いしかない。

その後、夏山合宿で横尾から槍ヶ岳に向かっているときにやはり、グリーンバンド付近でぶっ倒れた。そのときは、最後まで荷物を持って目的地まで歩かせてもらったが、もっと体力をつけなければという思いはあったものの、心地よい充実感があった。参加者の「自分の足で登った」という充実感を簡単に取り上げたくないのだ。

もちろん体調が悪いときや、隊全体のスピードが遅くなり、そのことによってリスクが想定される場合はその限りではない。このときは天候の悪化の心配もなく、彼女のペースでもそう極端に遅れる感じではなかったので、最後まで持ってもらうことにした。そして、彼女は自分の荷物をすべて背負って小屋に到着した。彼女が充実感を感じることができたかどうかはわからないが、軽量化することの大切さと、山登りの楽しさを実感してもらえたのならうれしい。

夕飯を食べているとき、ガスが突然晴れて槍ヶ岳の雄姿が見えた。「ワーッ」と大歓声があがり、拍手をする人もいる。みな笑顔だ。この一体感は山ならではだろう。女性同士など、まったく見も知らぬ人と手を取り合って喜んでいる。そんな光景を見ると「山っていいなぁ」としみじみ思う。

この日の夜はしし座流星群だった。小屋のすぐ上にあるテーブルを囲み、参加者のひとりがコーヒーを沸かしてくれた。山の上で星を見上げながら飲むコーヒーは最高の贅沢。さらに、別の女性参加者がシートを敷いて寝っ転がりながら流れ星を観察。私もそれにならって、寝っ転がって空を見上げる。流れ星が見られるたびに「あっ、流れ星！」と子どものように叫ぶ。この夜はいくつ見ただろう。そういった意味でも忘れられないツアーであった。

翌日も快晴。天気があまりによすぎ、お天気ツアーにならないのではないかと心配になるような青空である。朝一番で常念岳への標高差４００メートルの登り。一歩一歩高度を上げていくと、周囲に大パノラマが広がる。なかでも目の前に広がる槍・穂高連峰は圧巻だ。常念山脈は、燕岳からの槍ヶ岳、常念岳からの槍・穂高連峰、蝶ヶ岳の穂高連峰、どこから見ても最高の展望である。それぞれの山頂に立つときは雲を吹き飛ばしたいものである。そんな肺活量は残念ながらないのだが。

２０１４年10月に燕岳のツアーを実施したが、このツアーも忘れられない。前年の10月に企画し、満席となってツアー催行が決まったのだが、私の体調不良で中止になった。そのお詫びも兼ねて翌年に実施された山行だった。台風が接近する状況だったので、主催する山と溪谷社や、ツアーを企画・実施するアルパインツアーサービスはツアーの中止も考えていたようだったが、２日目の下山日に天候が悪化するものの、森林限界に入るまでは風が強まらず、荒れた天気になるまでには十分余裕があることを説明し、催行にこぎつけた。

穂高駅に10時集合で、11時ごろに中房温泉を出発し、その日は合戦尾根を登って稜線に建つ燕山荘に宿泊。翌日に燕岳に登って往路を下山するという1泊2日の行程であった。この行程だと午後に合戦尾根上部を歩くことになる。雷は午後に発生することが多い。10月上旬という雷雲が発達しにくい時期であるからいいとして、夏場にこのプランは決しておすすめできない。中房温泉や有明荘など山麓の宿に一泊して、翌朝早く出発するのが望ましい。

さて、話はそれたが、合戦尾根を登り、順調に燕山荘に到着した。紅葉は残念ながらあまりよい年ではなく、上部ではすでに終わっていた。翌日は天気が崩れていくので、初日に燕岳を往復をすることにする。そのため、夕食を遅めの時間帯にしてもらった。空は明日の台風接近を物語るように、高層雲や高積雲が広がっている。波状雲《はじょううん》と呼ばれる、空気が波を打つことによってできる雲が空を覆っていた。

「池に石を落とすと水面に波紋が広がっていくように、台風は空気中に大きな石を落としたようなものです。遠く南海上にある台風から伝わる波がここまで伝播してきて、空気が波を打っているのです」といったことを説明しながら、燕岳の最後の登りに差しかかった。すると、前方の空がピンクに染まり、鹿島槍ヶ岳のシルエットが浮かび上がる。振り返ると、空が燃えるような色に変わり、波状雲が放射状に延びて、明るいオレンジ色と少し黒みがかった部分とのグラデーションが美しい。山頂に着いた参加者から興奮するような声があがり、それがグループ全体に広がっていく。その瞬間、山頂が歓喜の波に包まれた。しばし言葉を発することができない。圧倒的な大自然のショーにただただ見入るしかできなかった。

写真10－5　燕岳上空に広がる、稀に見る美しい夕焼け

ふと我に返り、「登頂おめでとうございます！」とお客様と言葉を交わして、慌ててシャッターを押す。このときの写真は、その後、ＮＨＫの番組などでも取り上げられ、どの人に見せても「凄いですね」という言葉が出るほどの夕焼けだった。台風接近のせいか、申込者のなかにはキャンセルする人もいたが、その人にも見せたい絶景だった。

実は、台風の前はいろいろな雲が見られることが多い。大気の状態が乱れているので変化に富んだ雲が現われやすいことや、水蒸気量が多いので朝焼けや夕焼けが美しく染まることが多いのだ。台風の直撃を受ける日に登山することは無謀だが、台風の前後は予想もしないような景色が見られることがある。ただし、台風は予想より早く接近することがあるので、目的の山の気象リスクについて慎重に見極める必要がある。

第1位　白馬岳

個人的に大好きな山ということもあり、真っ先に選出。登山道のいたるところを埋め尽くすお花畑、夏なお白く輝く大雪渓と豊富な残雪、剱・立山連峰や日本海の雄大な眺望など、私の好きな山の要素すべてが詰まっている。しかしながら、過去に何度も気象遭難が起きていて、ある意味「天気」に関してはもっとも危険な山ともいえる。前述したように、技術的、体力的な難しさと、気象のリスクが高いかどうかは別の話である。この山で気象遭難が多いことは、後者を軽視している登山者が多いことを物語っている。

気象を学ぶには気象遭難が起こっている山で学ぶのがよい。それは、気象についてのさまざまなリスクを学べるからだ。どのような状況下で事故が発生したのかを歩きながら考えることができるし、引き返しポイントの見つけ方や、そこでどのような判断を下すべきか、どこで衣服の調整を行なうべきかを真剣に考え、ほかの山にも生かすことができる。

白馬岳は登山ルートが複数あり、どのルートを選べば当日予想されるリスクを減らせるのかを考え、その際の判断基準についても学ぶことができる。大雨が予想されるときや、積乱雲（雷雲）が発達する恐れがあるときは、大雪渓のルートは避ける。強風や風雨、風雪が予想される場合には清水岳からのコースと、栂池自然園や蓮華温泉から白馬大池を経て山頂に向かうコース、朝日岳や唐松岳方面からのルートは避ける、ということが基本だ。

観天望気にも適した山である。日本海に近いことから天候の変化が早く、天候の悪化を知らせる雲を見るのに適しているし、大雪渓の存在が夏場における積雲の発生に寄与しており、日射による上昇気流の発生などを学ぶのにも適している。まさに、天気を学ぶのにもっともふさわしい山だろう。ただし、それだけにリスクも伴うので、登山する際には必ず第5章の13カ条を必ず実行しよう。

column

「硫黄のにおいがすると雨」—剱岳（富山県）

岩と雪の殿堂、北アルプス・剱岳。この山の周辺で、古くから言われてきた天気に関することわざがある。それが「硫黄のにおいがすると雨」。硫黄のにおいは、地獄谷から流れてくる。剱岳や周辺の山小屋は、この地獄谷から北東方向にある。つまり、南西や南風が吹くと、硫黄のにおいが風に流されて剱岳方面に流れていくのだ。剱岳は標高3000メートル近いので、においは上空約2～3キロ程度の風に流される。一般に低気圧や気圧の谷が接近するときは、上層の風の流れは南西になる（通常は西風となる）。このため、硫黄のにおいがするということは、低気圧や気圧の谷が接近していることを示唆しており、やがて天気が崩れる可能性が高い。

同じようなことが、穂高連峰や槍ヶ岳でもいわれている。やはり南側に活火山の焼岳があり、南風が吹くと、硫黄のにおいが運ばれてくる。高い山岳では通常、西風が吹くことが多いが、これが南風に変わるということは、上空の偏西風が蛇行して気圧の谷が西側にあるということを示している。つまり、天気が崩れていくことが多い。このように昔からいわれてきたことわざにも、天気の予想に使えるものがけっこうあるので知っておくと便利だ。

第11章

難しい予報とやさしい予報

天気予報にも難しい予報とやさしい予報がある

最近は若手の気象予報士に予報を任せることも多くなったが、海外の予報や「大荒れ情報」はできるかぎり私が出すようにしている。「大荒れ情報」は過去において気象遭難が多発している気圧配置が予想されるときや、登山者にとって気象のリスクが高まるときに発表する臨時情報で、1週間前に発表することもあるし、数時間前に発表することもある。情報を頻繁に発表して空振りに終わると信頼度が低下する。そこで風雨や風雪が激しいときなど、登山者にとってリスクの高い気象状況が80パーセント以上の確率で予想されるときに発表するようにしている。

また、予報精度向上のために、自分やほかの気象予報士が発表した天気予報が当たったか外れたかを毎日必ず検証している。これは、気象予報士として当然の責務である。それでも天気がはずれるときはあるわけで、私も「あー、やっちゃった」と天気予報の難しさに悔しい思いをすることもしばしばである。だいたい外れるときは、「朝から上部でガス（霧）がかかる可能性があるけど、すっきりと抜ける（晴れる）可能性もあるな。どっちにしようか」と迷うときである。そんなときは過去の経験などから可能性が高いほうを選ぶが、時間がないときなどついつい数値予報の結果に流されてしまうことがあり、そのようなときは前述のように「あー、やっちゃった」ということになる。あるいは、気圧配置の予想が実際と大きく異なり、まったく予想できなかったこともある。

これまでの経験でいちばんの失敗は、２０１１年4月30日の気象状況だ。前日の29日の段階では、中部山岳は30日の日中までは天気が持つと予想していたのだが、実際には30日の午前中から雨が降りだし、午後は雷を伴って非常に激しく降ったところもあった。鹿島槍ヶ岳では落雷で一人が死亡、一人が負傷している。

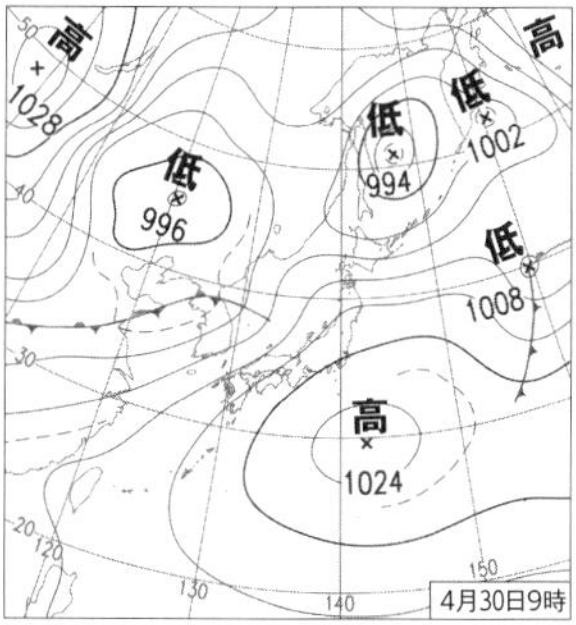

図11－1　2011年4月30日の実況天気図

30日9時の実況天気図（図11－1）を見ると高気圧が関東の南海上にあり、本州付近はこれに覆われているように見える。一方、大陸から朝鮮半島に延びる前線が日本海西部に進んできている。前日や前々日に発表された予想天気図とは大きな違いがなく、温暖前線が東に延びるのがやや早くなっているくらいであった。

高度５５００メートル（５００ヘクトパスカル面）の高層天気図を見ても、午前中はリッジ（気圧の尾根）前面の西北西場で（注1）天気を大きく崩すような形ではない。温かく湿った空気が入ってくると、大気が不安定となって積乱雲が発達することがあるが、大気が不安定な場所も9時の時点では日本海西部より西側で、中部山岳方面では比較的安定する予想となっていた。これらの状況や数値予報の予想値、気圧配置、地形的な影響なども考えて、天気が崩れるのは早くとも午後からで、大雨や落雷の危険性があるのは夜になってからとみていた。しかしながら、朝起きて衛星画像を見るとすでに日本海に活発な積乱雲が出現しており、雨雲レーダーも日本海に強い雨雲があることを示唆していた。「これはまずい」と思い、上空の大気の流れや風向きと風速、湿った空気の入り具合を確認し「落雷と短時間強雨に関する警戒情報」を慌てて発表した。

だが、すでに登山者は登山を開始している時間帯であり、登りながらメールを見る人は少ないであろうから「時すでに遅し」の感は否めなかった。落雷事故が起きてしまったことで私もめずらしく落ち込んだ。のちにいろいろな気象データを集めて当時の状況を解析した結果、天気図上の温暖前線よりさらに東側へ延びる前線の位相（天気図上には書かれていない前線の性質を持ったもの）が能登半島沖の日本海中部付近まで延びており、その南側に温かく湿った空気が入ったことにより、大気が不安定になり、積乱雲が発達したことがわかった。

事前の数値予報や各種の予想天気図からはそうした状況を予想できなかった。同じような気圧配置は何度も出現しているが、ここまで大きく天気が崩れることはなかったこともある。これを事前に予想できたかというと非常に難しいと言わざるを得ない。ただし、この先、同じような気圧配置が現われたときに、同じ失敗は犯さないであろう。それが検証した者の強みでもある。

逆にいちばんうまくいったのは、２００８年5月のエベレスト登山隊への予報である。私にとってのヒマラヤ予報のデビュー戦となったこのときは、私の国立登山研修所講師時代の先輩であり、ヒマラヤでの登山経験豊富な山岳ガイドである山本篤さんと、実力、人気ともに兼ね備えた国際山岳ガイド、角谷道弘さんが組織した登山隊に向けてのものであった。

エベレストやチョー・オユーなどこの近辺の登山経験があるとはいえ、初めてのヒマラヤ予報であり、初めの1週間は予報が外れることが多かった。しかし、現地から実況をもらい、予報を修正していくにつれ、予報精度が格段に上がっていった。いよいよ登頂態勢が整って、登頂日を決めるときが来た。ジェット気流の動向や、高層の気圧配置、大気の安定度、湿った空気の入り具合をチェックし、エベレストの地形的な影響を考慮した結果、5月21日がもっとも気象リスクが少ない日だとアドバイスした。同時に気圧の谷と湿った空気の影響で標高７０００メートル以下では雪となるとも予想した。本当は下から上まですっきりと晴れて風が弱い日が登頂にベストなのだが、登山期間内にそのような日がなく、この判断となった。登山隊はネパール側のノーマルルート（注2）からの登頂をめざしていた。このルートにおけるポイントは、アイスフォールの通過、ローツェ・フェースと呼ばれる急峻な氷雪壁の登攀、そしてサウスコルから上部の8000メートルを越える稜線である。

ひとつ目の難所であるアイスフォールは、氷河が滝のように流れ落ちている場所で、氷や雪の巨大な塊（以下、セラック）が林立しており、その間を縫うようにルートが延びている。アイスフォールドクターと呼ばれるシェルパ（注3）がアイスフォール内を歩くのに最適なルートを定め、ハシゴやロープを設置してルートを整備している。

ルート中には大きく空いたクレバス（注4）に3連結や4連結のハシゴがかかっているところもある。慣れないうちは、これを渡るのが怖い。時々セラックが崩落してルートが崩壊し、そのときはルートが復旧するまで通行止めとなる。人的な被害が発生することもある。氷や雪の塊が崩落するのは、気温が上がる日中の時間帯が多いので、早い時間に通過するのが鉄則だが、夜間や早朝でも崩落することがあり、大きなセラックの下を通過するときは、なんともいえない嫌な気分だ。

次の難所はローツェ・フェースの通過だが、ここは雪崩のリスクが大きいところだ。そこで、表層雪崩の危険性が高くなる降雪直後の登攀は絶対に避けなければならない。

最後にして最大の核心部はサウスコルから山頂までの稜線である。ここは、ジェット気流がヒマラヤ上空に達すると人間が簡単に飛ばされてしまうほどの暴風となる。また、天候が急変すること

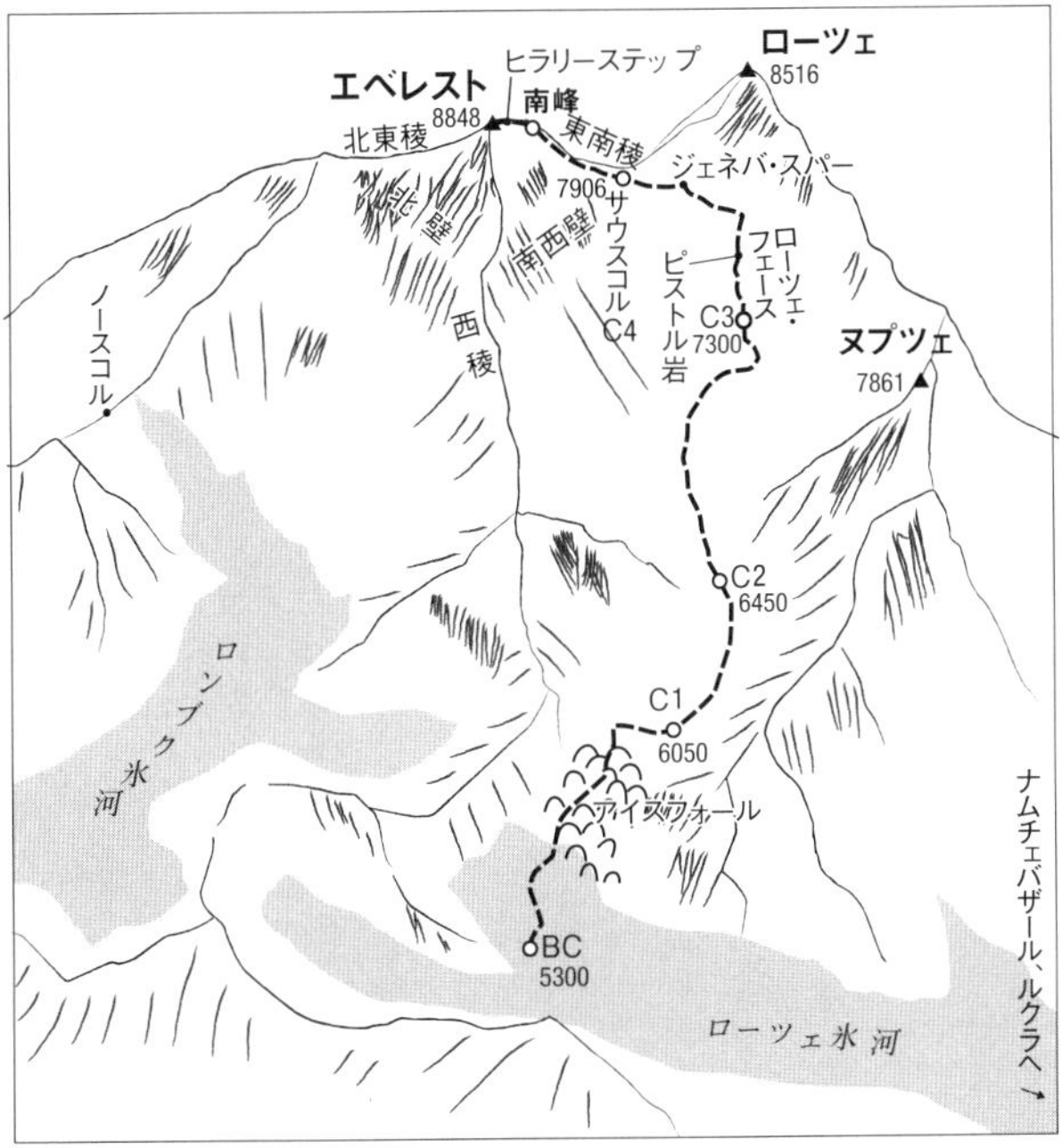

図8－2　エベレスト概念図

もしばしばで、1996年5月10日夜から翌朝にかけては大量遭難が発生し、日本人女性第二登を果たした難波康子さんら公募登山隊の参加者やガイドが命を落としている。このときは、気圧の谷が接近して天候が悪化するパターンではなく、発達した積乱雲がエベレストを直撃し、急激に天候が悪化して暴風雪となった状況下で発生した事故であった。

そこで今回、私がもっとも重視したのは、強風と積乱雲の発達による気象リスクである。風がもっとも弱く、積乱雲が発達しにくい、つまり大気が安定した日を登頂日として登山隊にすすめた。しかしながら、その日は７０００メートル以下では天気が悪く、降雪が予想された。そこで問題になるのが、ローツェ・フェースの通過とその際の雪崩のリスクだ。私は登頂予定日のエベレストにおける雲の上端は７２００〜７５００メートル付近で、降雪の限界もそのあたりの高度と予想した。ローツェ・フェースは高度約６６００〜８５００メートル付近で、エベレストの登山ルートではそのうち６６００〜７８００メートルを通過する。下部で降雪の可能性はあるが、６８００メートルより上ではまとまった降雪にはならないと見て、登頂には問題ないと判断したわけだ。

しかしながら、当時のエベレスト・ベースキャンプ（注５）では私の判断とは全く異なる気象情報が流れていた。エベレストはとても人気のある山なので、ネパールにとっても重要な観光資源である。ネパール政府も積極的に登山隊を受け入れており、毎年、プレモンスーン（４〜５月）には、数千人の登山者及び、スタッフが世界中から押し寄せてくる。

当時、すでに欧米の登山隊は気象会社から気象情報を得ていたが、気象会社は19日から21日にかけて山頂は大雪となり、登山は非常に危険であるという予報を出していた。ベースキャンプでは現地ガイドやスタッフなどが相互に情報交換を行なっており、それぞれの隊が水面下でほかの隊の予報を入手している。伝聞の過程で予報の細かい情報が変わってしまう可能性があり、望ましくないが、多くの登山隊が集中する山ではそれが普通に行なわれている。そのときに、山本さんの隊もほかの登山隊から、私が「登頂に適している」と言った日が大雪になるという情報を得ており、日本にある登山事務局からは「本当に大丈夫か？」と心配する声もあった。当然のことであろう。欧米の気象会社がみな大雪という予想を出しているのに、たったひとつだけ、しかも、ヒマラヤ予報の経験がまったく初めての私が大丈夫と言っても信頼するほうが無理というものだ。

私もさすがに不安になり、現地の今シーズンにおける天候の特徴について確認し直し、現地の地形を頭にしっかりと入れて大気の状態を最初からイメージし直した。その際にいつも心がけるのは、「雲の気持ちになること」「風の気持ちになること」だ。自分が雲だったらどこで生まれ、どこまで成長していくのか（どの高さまで昇っていくのか）、自分が風だったら、こうした地形のなかでどのように吹いていくのか、ということである。

そのようにして最初から予想し直した結果も、はじめに出した予報とまったく同じであった。これは自分を信じるしかない。私は山本さんに「7000メートル付近より下は雪になりますが、7500メートルから上は晴れており、風も弱くて絶好の登頂日和になります」と伝えた。山本さんも「俺もそんな気がする。おまえを信じるよ」と言ってくれた。山本さんの隊は予定どおり、ベースキャンプを18日に出発し、21日に快晴、弱風のなか、登頂に成功した。

最近のエベレストは、数百人の登山者が登頂をめざし、天気予報がよい日に登山隊が集中して渋滞する。そのため、渋滞に巻き込まれた登山者の酸素が途中で切れて死亡する事故も起きている。したがって、登山隊は渋滞を避けるために、出発時間を早める傾向がある。最近は登頂前夜の19時に出発する隊もあるほどだ。それは、午後になると天気が崩れることが多いので、それまでには最終キャンプに戻ってきたい、という判断によるものだ。その判断は間違ってはいないが、夜間行動が長くなってしまう。夜間は気温がもっとも下がり、景色も見えない。寒いなか、黙々と歩くのはストレスが大きいし、低体温症や凍傷、高度障害のリスクも大きくなる。

山本さんは、自身の経験から「夜間に長く行動するのは望ましくない。天候が登頂日の午後も持つようであれば、むしろ明け方の3時ごろにゆっくりと出て、渋滞に巻き込まれず、日中の温かい時間帯に長く行動するのがよい」と考えていた。私の予報を信じ、午後も天気が崩れないと予想した山本さんは最近のエベレスト登山隊では異例に遅い午前3時に出発するという作戦を取り、見事に当たった。しかも、この日は大雪予報が出ていたので、ほかに登山隊はほとんどなく、無人の山頂を独り占めできたのだ。

この予報のことが朝日新聞の「ひと」で紹介され、大きな反響を呼んだ。さらに、この年の夏に、雪崩事故で大ケガを負った竹内洋岳さんの復帰戦となるガッシャブルムⅡ峰とブロードピークの予報を任され、竹内さんは連続登頂に成功した。このときもガッシャブルム登頂時に、欧米の予報と私の予報は半日ほど風が弱まるタイミングがずれており、私の予報のほうが当たった。そうした結果から私の予報を信頼してくれる登山隊が増えていった。竹内さんの信頼も得て、その後も彼の海外登山ではいつも私の予報を利用してもらっている。その後、竹内さんは日本人初の８０００メートル峰全山登頂に成功したが、その偉業に多少なりとも貢献できたのは、うれしいかぎりである。

　また、最近は栗城史多《のぶかず》さんが単独でのエベレスト無酸素登頂に挑戦し続けているが、その予報も担当している。彼のエベレストにかける熱い思いと、２０１３年に負った凍傷というハンデにもめげずに目標に向かっていく姿、そしてネパールが大地震の被害に遭うと、すぐに医療品などの物資を輸送し、自ら現地に飛んでそれらの物資を運ぶという行動力に感嘆している。彼の活躍を少しでも応援したいという思いで、予報を発表させてもらっている。

　話は脱線してしまったが、季節や気圧配置、山域によって、天気予報が比較的やりやすいときと、非常に難しいときがある。第2章で述べたように、最近の天気予報に数値予報は欠かせない。しかしながら、山岳では数値予報どおりにいかないことが多いので、その山域の特性や地形的な影響を考慮して予報を発表しているが、数値予報や気圧配置の予想が大きくズレる（予想された各種天気図が実際と異なってくるとき）と、その修正も難しくなる。数値予報や気圧配置の予想が大きく外れてしまうのは、局地豪雨や雷雨などの水平規模の小さい現象が発生するときであり、季節では夏や梅雨、秋雨の時期と、気圧配置が急激に変化するときである。また、予報が難しい山域は、丹沢、奥多摩など関東南部から伊豆半島にかけての海に近い山や屋久島や利尻山など海に囲まれた山岳、海外ではヒマラヤやアンデス、あるいはキリマンジャロなど熱帯地域の山岳である。

予報の難しさとやさしさ

1 気象現象の大きさ

予想は①「単独の積乱雲」が最も難しく、次いで②「集中豪雨をもたらす積乱雲の雲列」が難しく、③「寒冷低気圧・熱帯低気圧」「梅雨・秋雨前線上の低気圧」④「台風」⑤「高気圧・低気圧」と順にやさしくなってくる。基本的に、気象現象は大きな現象ほど前兆が早く現われ、予想がしやすい。高気圧や低気圧など水平距離が数千キロに及ぶ現象は予想がしやすく、低気圧の発達などは数値予報が得意とする分野である。一方で、単独の積乱雲は水平距離10キロ程度の大きさしかなく、直前にならないとその発生箇所を予想することが難しい。メディアなどで「ゲリラ豪雨」と呼ばれる局地的な豪雨は、積乱雲が複数集まった集合体によって発生する。これは、単独の積乱雲よりは大きいものの、前日に発生場所や規模を予想することは難しい。

2 季節

季節では、予想の難易度は、①「梅雨・秋雨」がもっとも高く、次いで②「夏」③「秋」④「春」⑤「冬」の順になる。

数値予報や気圧配置の予想が外れるのは、季節の変わり目が多い。梅雨明けのときや、冬型の気圧配置が続いた状態から急に春めくときなどである。また、梅雨や秋雨のときは前線のちょっとした位置のズレによって天気が大きく変わってしまうことから、予想が難しくなる。夏場は気圧配置にほとんど変化がないので、天気図を見ても予想がつきにくいし、日によって気圧配置に大きな変化がないにもかかわらず、天気が日ごとに大きく変わることがある。これは、積雲や積乱雲など天気図に現われない小さな現象によって天候の変化が起こるからであり、予想が難しい季節である。

一方、冬は気圧配置が規則的に変化することが多く、規模の大きい現象か、小さくても積乱雲が組織化されることが多いので予想しやすい。それでは「関東地方の大雪に関する予報がよく外れるのはどうして？」と思う人もいるだろう。関東地方の大雪は低気圧によってもたらされるので、雨や雪が降ることは予想できるが、雨と雪の判別が難しい。気温や湿度がほんの少し変わっただけで雪か、みぞれ、雨になるかが変わってくるからだ。それは、低気圧の進路や発達状況、下層の寒気の入り具合や沿岸前線など微妙な気象条件に左右される。

3　山域による違い（国内）

主な山を、予報しやすい順に並べると以下のようになる。

①「中部山岳や富士山」②「尾瀬、上信越の山岳、大雪山」③「八甲田、鳥海山、栗駒山、秋田駒、八幡平《はちまんたい》、岩手山、飯豊《いいで》連峰、朝日連峰、安達太良《あだたら》山、日光、剣山・三嶺《みうね》」④「早池峰《はやちね》山、蔵王連峰、伯耆大山、氷ノ山、比良山系、伊吹山、大峰、石鎚山、九重、阿蘇、霧島」⑤「台高（大台ヶ原）、丹沢、奥多摩、伊豆、屋久島、利尻山」

この順は発表する気象予報士によって異なると思う。その人の住んでいる場所や育ってきた環境、登山経験などに大きく左右されるからである。

そのなかで、多くの人にとって予想が難しいと思われる山もある。前述のように、山では低気圧や前線、台風など天気を崩す要因がなくても湿った空気が入り、風が吹くとすぐに雲が発生する。海からの湿った空気が入りやすい山では天気がめまぐるしく変わり、湿った空気の入り具合や下層の大気の状態を見誤ると、予想が大きく外れてしまうことがある。たとえば、丹沢や奥多摩、大山などの海からの湿った空気の影響を受けやすい山域や、屋久島や利尻山など海に囲まれた山がそれに該当する。特に、屋久島や利尻山では山頂付近のライブカメラがなく、実況とのすり合わせがしにくい場所なので、なおさら難しい。

逆に予想がしやすい山は中部山岳や富士山である。私は長野県茅野市で予報を行なっているので、毎日、八ヶ岳や南アルプスの実況が確認でき、少し移動すれば北アルプスや中央アルプス、富士山の状況も確認できる。また、これらの山ではライブカメラも多く設置されており、山頂付近の天気の実況を確認できるという利点もある。これらの理由で中部山岳は予想がしやすく、私自身、もっとも多くの山行をしてきた山域ということもあるので、必然的に中部山岳の予報精度は高くなる。

4　山域による違い（海外）

次に海外の山を予報しやすい順に並べてみよう。

①「ヨーロッパアルプス、エルブルース」②「ムスターグ・アタ、天山山脈、ロッキー山脈、デナリなどアラスカ」③「モンスーン期以外のヒマラヤ、カラコルム」④「アコンカグア」⑤キリマンジャロなど熱帯の山、モンスーン期のヒマラヤ」

海外では、熱帯地域の予報がもっとも難しい。日本の夏と同様に、気圧配置にほとんど変化がなく、水平規模が小さい積乱雲の発達によって天候が変化するからだ。毎日、どこかで局地的な豪雨が起きており、それが目的の山に到達するのか、そもそもそれが発生するのかどうかや、いつの時間帯に積乱雲が発生したり、到達するのかを予想することが難しい。

モンスーン期のヒマラヤも同様だ。モンスーン期はヒマラヤの雨季にあたり、午後になると積乱雲が発達して激しい雪が降ることが多いが、日本の梅雨期同様、晴れる日が3日も続くこともあれば、朝から雪が降ることもある。

2009年に竹内さんのチョ・オユー登山隊に予報を発表したときは、積乱雲がどのような条件下で発達するのか読めず、とても苦労した。最初の1週間ぐらいは予報がまったく当たらず、このままでは竹内さんがもっとも条件のよい日に登ることができなくなる、と焦りが募る。そこで、もう一度、朝から天気が悪い日、午後から積乱雲が発達する日、終日天気がよい日の気象条件の違いをチェックして、なにか法則性がないかを毎日考えていた。そこから導き出された結果が私を救ってくれた。その原理がわかってから予報精度は格段に向上した。この経験のおかげで、エベレストやチョ・オユーなどクーンブ山域のモンスーン期の予想は、だいぶ向上してきたと思う。

また、モンスーン期以外のヒマラヤは、モンスーン期ほどの困難さはないが、観測データが少なく、数値予報の精度が低いので、ほかの山域に比べると予想が難しい。アンデスも同様である。

一方で、ヨーロッパ・アルプスやカナディアンロッキー、デナリ（旧名マッキンリー）などヨーロッパや北米の山岳は、気圧の谷や尾根が周期的に通過するので予想が比較的しやすい。また、観測データが非常に豊富なことも予想がしやすい理由のひとつである。

さて、このように予報がしやすい場所と難しい場所があるが、天気予報に100パーセントはなく、外れることもある。それがよいほうに外れればまだいいのだが、悪いほうに外れ、なおかつ登山者に危険を及ぼすような気象状況が予想されたときは、契約している旅行会社や登山隊などには電話で、ヤマテン会員向けにはメールで臨時情報を発表するようにしている。それは登山者のリスクを減らすために必要なことであるが、先に書いたように、時すでに遅しということもあり、望ましいことではない。

それでも、リスクを最小限にとどめるための努力を最後まで怠ってはならないと思う。予想が外れたときは、非常に悔しい思いをする。その悔しさが次への活力にもなる。なぜ予想できなかったのかをさまざまな角度から検証していき、そのような検証から、新しい発見を得られることもある。その発見こそが予報精度の向上につながるとともに、天気予報をやってよかったと思える瞬間のひとつでもある。

注1　リッジ（気圧の尾根）前面では下降気流が起き、雲ができにくく、好天となることが多い。

注2　同じ山に登る場合でも、複数の登山ルートがある山が多い。そのなかでもっとも一般的で、技術的、体力的に容易なルートをノーマルルートと呼ぶ。

注3　シェルパとは、チベット語で「東の人」を意味し、従来、チベット東部に住んでいたが、17世紀から18世紀にかけて、ネパールのクーンブ地方（エベレストの南側山麓）に移り住んできた民族名のことを指す。チベットとネパールとの交易で生活してきたが、欧米人がヒマラヤに登山隊を派遣するようになってからは、そのガイドとして活躍している。（『山岳気象予報士で恩返し』三五館刊より）

注4　英語：crevasse　氷河や雪渓にできた深い割れ目のこと。深いものは数十メートルに及び、転落すると脱出することが難しく、死亡するケースも多い。また、雪が積もると割れ目が積雪に隠されて見えないことがあり、その上をクレバスだと知らずに歩いて転落することがある。

注5　登山基地のこと。高所登山の場合、登山期間が長いので、登山中に使う大量の物資を集結したり、登山の準備をおこなう場所が必要となる。また、上部での高所順応や荷上げを行なって帰ってきたときに休養する場所ともなる。エベレストのベースキャンプでは、インターネットカフェや診療所まで設置されていて、シーズン中は多くの登山者やトレッカーでにぎわう。

第12章

進化する天気予報

これからの天気予報

天気予報は進化を続けている。それは数値予報の進化に負っているところが大きい。数値予報の精度を上げていくためには、①観測データの精度向上、②観測データを密にする（観測地点を増やす）、③計算式を現実の大気の原理に近づける、④格子間隔を密にする、などが考えられる。

一方で、精度を下げる要因もある。地球温暖化の進行によって気候が変化してきており、「これまでの常識」が通用しなくなってきているからだ。数値予報は、過去に同じような現象が起きたときの経験値を基にしているから、急激な変化に対応するには時間がかかる。また、せっかく対応したと思ったら、また状況が変わってしまう、というイタチごっこになる。それでも、近年の気象庁による数値予報の技術革新と精度向上は目を見張るものがある。それには開発者の多大な努力、そして気象学者や、気象研究所などの研究者の飽くなき努力の結果である。雲ができる原理、雲の中から雨や雪ができる原理、大気が変化する原理がわからなければ、数値予報の計算式を作ることはできない。彼らの努力によって、私たちは数値予報の進化の恩恵に預かることができ、精度のよい予報を発表することができるのである。私が尊敬している荒木健太郎氏（注1）もそんなひとりだ。

数値予報の進化によって、これを予報作成の資料として使っている民間の各気象会社の予想精度は徐々に上がっていくと思う。しかしながら、数値予報の精度がよくなればなるほど、数値予報ありきの予報になっていき、今後、ますます気象予報士が自分で発表していく予報は少なくなっていくだろう。それより、いかに数値予報のデータを「晴れ」や「くもり」などの天気に変化する条件式を改良していくかが勝負になっていく。あるいは、「使いやすさ」が重視されている時代であるから、天気予報の精度よりも、見やすさやデザイン、おもしろさなどでどのユーザーが予報を使うかを選ぶ時代がくるかもしれない。

気象会社も生き残りのために、いろいろアイデアを考えていかなければならないだろう。そんななかで、ウェザーニューズ社が先駆けて行なった、「ゲリラ雷雨防衛隊」（注2）は、防衛隊のメンバーに、その場所の雲の様子を写真で撮ってもらい、それを予報の根拠となる観測データとして利用する。防衛隊のメンバーも雷雨や局地豪雨の予想に一役買えるということで、人気のシステムだ。そのような、ユーザーと一緒に作り上げていく予報という視点はとてもおもしろい。

しかしながら、どんなに数値予報が進化しても、格子間隔を細かくしていっても数値予報には限界がある。そのため、数値予報の限界を知り、その長所と短所を見極めたうえで、数値予報の結果を修正していくことが予報精度向上のために重要である。それができるのは人間である。人間は大自然から見ると、あまりにも短い期間しか生きられないし、長い経験を積むことはできないが、それでもその非常に短い経験や技術、そしてそれぞれが生まれながらにして持っている自然からの感じ方の違いなどから、数値予報では出せない予報を出すことができるはずだ。たとえば、空気は目に見えないが、雲が空気の状態（私は雲の「気持ち」と呼んでいる）を表わしてくれている。その観察の積み重ねが、数値予報で表わせない部分を補ってくれることがある。

また、予報精度とは別に、予報を出す側にとって重要な役割がある。それは、いかに気象災害の犠牲者を少なくするか、登山においては気象遭難を少なくするか、ということである。せっかくよい情報を発表することができたとしても、その情報が正確に伝わらなかったり、情報を必要とする人がそれを得ることができなかったり、受け手が誤った解釈でとらえてしまったりすることがある。また、必要な情報を、それを必要としている人に送ることができるかどうかも大事になっていく。それは平地でも山の天気予報でも同じだ。

私は、天気予報が「晴れ」や「雨」などの予報を一方的に発表すればよいものだとは思っていない。同じ天気であっても、登山ルートによって予想されるリスクは異なる。登山者がリスクを想定し、リスクを最小限にとどめるための手助けになる予報を発表していきたいと思っている。そのために、私たちが発表する予報には、天気を予想するだけでなく、気圧配置などの解説を必ず入れることにし、登山口付近の山麓と上部との天気の違いや、山を挟んだ両側の天気の違い、どういう場所で強風などの気象リスクが大きくなるかなど、地形による気象の影響にも触れるとともに、想定されるリスクを具体的に書くことにしている。そして、予想が外れそうなときはその可能性を示唆している。

「天気が外れたから致命的な状況に陥ってしまう」のではなく、天気が外れても気象遭難を起こさないための方法を伝えていきたい。だから、私は単なる予報ではなく、「予報コンサルティング」とも呼ぶべきものをめざしている。私はそれを気象情報の配信という形だけでなく、書籍、講習会、などいろいろな形で提供していきたい。

注1　気象庁気象研究所予報研究部第三研究室研究官。雲の研究者である。著書に『雲の中では何が起こっているのか』（ベレ出版）がある。

注2　ゲリラ雷雨・豪雨による被害ゼロをめざし、全国の「ゲリラ雷雨防衛隊」の会員が空を監視。雷雲発生の兆候をいち早くキャッチし雷雨の危険を知らせるシステム。ユーザー参加型の予報。

主な参考文献

長野県深志高等学校『西穂高岳落雷遭難事故調査報告書』１９６９年
羽根田治『ドキュメント気象遭難』２０１３年・ヤマケイ文庫
羽根田治『山岳遭難の教訓——実例に学ぶ生還の条件』２０１５年・ヤマケイ新書
羽根田治、飯田肇ほか『トムラウシ山遭難はなぜ起きたのか』２０１２年・ヤマケイ文庫
新谷暁生『北の山河抄』２０１３年・東京新聞出版局
猪熊隆之『山岳気象大全』２０１１年・山と溪谷社
猪熊隆之、廣田勇介『山登りＡＢＣ　山の天気リスクマネジメント』２０１４年・山と溪谷社
猪熊隆之『山岳気象予報士で恩返し』２０１３年・三五館

あとがき

私は登山者が雲から空気の気持ちを理解することの楽しさを感じ取っていただき、自然が発するさまざまなサインを読み取れるようになることを望んでいる。それが自らの安全を高めるとともに、色々なリスクから身を守ることにつながっていく。それだけでなく、それを見つけたときの喜びや、自然との一体感を沢山の登山者に味わっていただきたいと思う。

本書が、登山計画を立てることの重要性や、情報を鵜呑みにするのではなく、利用することの大切さを伝え、登山中に想定されるさまざまなリスクを予め予測し、それに対処できる自立した登山者が一人でも増えることを期待する。また、山岳遭難の減少に微力ながら役立てれば幸いである。

最後に、情報を提供してくださった関係機関、編集の小林千穂さん、図版を作成していただいた米山芳樹さん、吉井章子さん、また、山と溪谷社の萩原浩司氏に心からお礼を申し上げたい。

なお、私の海外予報現場の様子や数度の病気やケガを乗り越えて山岳気象予報士になった経緯は『山岳気象予報士で恩返し』（三五館）に詳しい。本書と合わせてご一読いただければ幸いである。

二〇一六年十月

猪熊隆之

猪熊隆之（いのくま　たかゆき）

1970年生まれ。国内唯一の山岳気象専門会社ヤマテンの代表取締役。中央大学山岳部監督。国立登山研修所専門調査委員及び講師。カシオ「PRO TREK」アンバサダー。チョムカンリ登頂（チベット）、エベレスト西稜（7700m付近まで）、剱岳北方稜線全山縦走などの登攀歴がある。日本テレビ「世界の果てまでイッテQ」の登山隊やNHK「グレートサミッツ」など国内外の撮影をサポートしているほか、山岳交通機関、スキー場、旅行会社、山小屋などに配信し、高い信頼を得ている。著書に『山岳気象大全』（山と溪谷社）、『山登りABC　山の天気リスクマネジメント』（廣田勇介氏と共著、山と溪谷社）、『山岳気象予報士で恩返し』（三五館）、ヤマケイ新書『山の観天望気』（海保芽生氏と共著、山と溪谷社）などがある。

山の天気にだまされるな！　YS031

2016年12月1日　初版第1刷発行
2022年1月20日　初版第3刷発行

著　者　猪熊隆之
発行人　川崎深雪
発行所　株式会社　山と溪谷社
〒101-0051
東京都千代田区神田神保町1丁目105番地
https://www.yamakei.co.jp/
■乱丁・落丁のお問合せ先
山と溪谷社自動応答サービス　電話03-6837-5018
受付時間／10時～12時、13時～17時30分（土日、祝日を除く）
■内容に関するお問合せ先
山と溪谷社　電話03-6744-1900（代表）
■書店・取次様からのご注文先　山と溪谷社受注センター
電話048-458-3455　ファクス048-421-0513
■書店・取次様からのご注文以外のお問合せ先
eigyo@yamakei.co.jp

印刷・製本　図書印刷株式会社

定価はカバーに表示してあります

Printed in Japan　ISBN978-4-635-51019-6